HANS-RUDOLF KESSEL, ROLF KUNZ, WOLFGANG SIENEL

Millionen mit Optionen

1. Auflage 1989
© 1989.
Alle Rechte bei Wirtschaftswoche/Gesellschaft für Wirtschaftspublizistik GWP mbH, 4000 Düsseldorf
Erschienen in der Edition Wirtschaftswoche
Herausgeber: Hans Zinken
Umschlaggestaltung: Kay Wiedemann
Produktion: Angela Kürzdörfer, Frank-J. Ohlhorst
Lektorat: Annette Littmann
Satz: U. E. Sebald, 8500 Nürnberg
Druck- und Bindearbeiten: Mohndruck, 4830 Gütersloh
ISBN-3-923520-02-6

HANS-RUDOLF KESSEL, ROLF KUNZ, WOLFGANG SIENEL

Millionen mit Optionen

HANDEL MIT NEUEN FINANZINSTRUMENTEN

INHALT

VORWORT

Soviel steht fest: 1990 wird zu den markantesten Jahren der deutschen Börsengeschichte zählen. Endlich, nach fast sechs Jahrzehnten, wird in Deutschland wieder möglich sein, was ausländische Börsen zu immer neuen Umsatzhöhen treibt: Der Terminhandel mit Wertpapieren und Optionen. Mehr noch: der professionelle Handel mit ganz neuen Finanzinstrumenten, mit künstlichen Wertpapieren und Indizes.

Es wird möglich sein, daß mündige Bürger auch gewagte Spekulationen unternehmen oder, durchaus sicherheitsbewußt, durch Termingeschäfte aus ihren Aktienbeständen Zusatzgewinne erzielen. Das konnten ganz Clevere zwar zuvor auch. Aber nicht an einer deutschen Börse und nur selten über ihre deutsche Bankverbindung. Somit mußte sich der Privatanleger zwischen Flensburg und Füssen mit dem begnügen, was ihm ein angestaubtes Börsensystem, Kirchturmstrategie der Geldinstitute und Betulichkeit der Politik als angemessen zugewiesen hatten. Es erwies sich als zu wenig für die Bürger der drittgrößten Industrienation. Und wie jede Fessel hielt auch diese dem Druck nicht stand.

Jetzt also geht's ins neue aufregende Börsenjahrzehnt. Politiker, Banker und Juristen haben in einem Kraftakt alle Hindernisse für die Deutsche Terminbörse DTB in Frankfurt beseitigt. Viel gilt es nachzuholen, vor allem aber ist eine Menge zu lernen: für Banker und Börsianer, für Börsenbeobachter und natürlich für den Anleger.

Für ihn ist dieses neue Buch aus der „Wirtschaftswoche"-Edition bestimmt. Drei Praktiker haben es für den Tag X praxisbezogen konzipiert. Sie haben zum Start der deutschen Terminbörse die Erfahrungen aus dem Ausland aufbereitet, von Chicago bis London. Mit vielen Beispielen und Grafiken geben sie dem Anleger Instrumente an die Hand, die ihm helfen, das Wissen für seine neuen Strategien möglichst schnell und einprägsam zu erfassen.

Vor allem aber ist dieses Buch auch zum Training gedacht: Wie war das noch? Diese Frage wird alle Teilnehmer am neuen Termingeschäft immer wieder und noch lange beschäftigen. Und da hilft in jedem Fall ein Blick ins klar und sachlich gegliederte Inhaltsverzeichnis, um rasch die Lösung zu finden oder die Erinnerung aufzufrischen. Zum Training gehört natürlich die Fachsprache, die auch im Börsenhandel Experten von Laien trennt. Dieses Buch macht Sie en passant zum Profi. Denn professioneller wird die börsenorientierte Anlage in Deutschland mit Sicherheit. Die Autoren verschweigen nicht die Risiken. Sie begrenzt zu halten ist auch Zweck dieses Buches. Vorrangig aber soll es den Weg zu den neuen Chancen weisen. Sie sind enorm und bedeuten für Deutschlands Anleger eine Revolution. Sie wird auch all jene erfassen, die noch abseits stehen, beobachten und zweifeln, ob dieser Fortschritt sich lohnt. 1990 stößt der deutsche Finanzmarkt das Tor zur Welt auf. Und das lohnt sich auf jeden Fall.

Als einziges Wirtschaftswochen-Magazin beobachtet die „Wirtschaftswoche" die Börsen weltweit aktuell und professionell. In ihre Edition nimmt sie nur ausgewählte Buchpublikationen auf. Anlaß, Thema und Inhalt finden wir so wichtig, daß dieses Werk von Kessel/Kunz/Sienel nunmehr dazu gehört.

Seinen Lesern wünschen wir eine erfolgreiche Lektüre.

Hans Zinken
Verlagsleiter Wirtschaftswoche

Düsseldorf, im November 1989

Traumhafte Gewinne

Das Kalenderblatt zeigte Freitag, den 23. Oktober 1987. London erlebte einen seiner milden Herbsttage. Im Londoner Vorort Gerrads Cross lehnte sich Antiquitätenhändler Bob Willins auf seiner Terrasse zurück, genoß das Wetter und sein Glück. Hatte er doch gerade erst einen satten Gewinn von fast 200.000 Pfund Sterling gemacht. Allerdings nicht mit altem Mobiliar. Vielmehr hatte Willins diesen Coup an der Börse gelandet. Eine Rarität in diesen Nach-Crash-Tagen. Schließlich standen die Börsianer weltweit noch immer unter Schock. Seit 1930 hatten die Börsen solche schwarzen Tage nicht mehr erlebt. Innerhalb einer Woche war es zum dramatischsten Kursrutsch in der Börsengeschichte gekommen. Der Dow Jones sackte von 2.755 auf 1.738 Punkte. Auch in London kollabierten die Aktienkurse. Der Financial-Times-Index war von 1.813 auf 1.435 Punkte gefallen, in Frankfurt notierte der FAZ-Index elf Prozent niedriger.

Wie hatte es nun der Nicht-Börsianer Willins gemacht und die Anlage-Profis um Meilen geschlagen? Nun, der Antiquitätenhändler fühlte sich schon lange nicht mehr wohl im Aktienmarkt und hatte mit einem Rückschlag gerechnet. Deshalb beschäftigte sich Willins schon seit längerem mit Verkaufsoptionen auf Aktien.

Am 19. Oktober 1987, der als zweiter schwarzer Freitag nach 1929 in die Annalen einging, war es soweit. Willins telefonierte dreimal mit seinem Broker in der City und ließ sich die stündlichen Veränderungen des Financial-Times-Index geben. Kurz nach 12.00 Uhr war der Index auf 1650 Punkte gefallen. Willins schlug zu: Er kaufte Verkaufsoptionen auf die Aktien von Jaguar, Lonrho und BAT Industries. Diese Werte hielt er bei einem weiteren Kursabschwung für besonders anfällig. Der Möbelkenner behielt recht. Der Markt fiel um weitere 70 Punkte. Drei Tage später, am 22. Oktober, hatte die weltweite Talfart der Aktien den Index auf 1.400 Punkte gedrückt.

Willins hatte einen Volltreffer gelandet. Die Autoaktie Jaguar war um 20 Prozent gefallen, Lonrho um 21 und der Tabakkonzern BAT um zehn Prozent gerutscht. Seine Verkaufsoptionen waren nun viel Geld wert und bescherten Willins traumhafte Gewinne zwischen 300 und 400 Prozent auf seinen Einsatz von 50.000 Pfund.

Um solch saftige Gewinne von der Börse mitzunehmen, braucht man freilich keinen Crash wie 1987. Das bewies Bill Deargon aus dem New Yorker Vorort Brooklyn. Deargon, im Beruf Drucker, kümmerte sich nicht viel um das Geschehen rund um Wall Street. Nur Verlagsaktien verfolgte er aus beruflicher Neugier genauer, da ihm der Umstrukturierungsprozeß der Branche aufgefallen war. Deargon unterhielt ein Brokerkonto mit knapp 150.000 Dollar bei einer amerikanischen Investmentbank in Manhattan. Ende Mai 1987 hörte er von Gerüchten, daß der Medienkonzern Time Life übernommen werden könnte. Die Aktie notierte damals um 125 Dollar. Für 1.000 Aktien 125.000 Dollar auszugeben war Deargon allerdings zuviel. Deshalb orderte er 150 Kaufoptionen auf Time-Life-Aktien per Termin Juni bei einem Basispreis von 130 Dollar. Eine Option kostete ihn 600 Dollar Prämie. Für seine 150 Optionen wurden ihm 90.000 Dollar plus Transaktionsspesen abgebucht.

Sein Mut sollte belohnt werden. Anfang Juni 1989 bot Paramount Communications pro Time-Life-Aktie 175 Dollar. Deargon verkaufte sein Optionspaket für 38 Dollar pro Kontrakt. Innerhalb weniger Wochen hatte Deargon seinen Einsatz mehr als versechsfacht.

Was Willins und Deargon mit Erfolg praktizierten, soll nun auch deutschen Profis und Amateuren auf breiter Basis möglich sein. Das jedenfalls ist Sinn der Deutschen Terminbörse (DTB), die im Januar 1990 eine neue Börsen-Ära eröffnet.

Dank der DTB müssen deutsche Anleger nicht mehr neidvoll nach Amerika oder London blicken. Auch hierzulande kann künftig mit Optionsgeschäften an der Börse ein Vermögen verdient werden. Das zeigte im April 1989 ein Börsenspiel des „Handelsblatt". Nach zehn Wochen vermehrte sich der Durchschnittswert der fiktiven Depots aller Teilnehmer von 750.000 Mark auf stolze 3,5 Millionen Mark – ein Plus von 367 Prozent.

Anders ausgedrückt: Um den Traum zu verwirklichen, Millionär zu werden, war ein Einsatz von weniger als 215.000 Mark erforderlich. Natürlich wird sich selbst ein risikofreudiger Anleger nicht gleich mit solchen Summen am Optionsmarkt engagieren. Doch das Beispiel zeigt, daß aus 21.500 Mark schnell 100.000 Mark werden können. Zehn Spekulationen dieses Kalibers bringen demnach den neuen Millionär zum Ziel.

Um an der DTB mit den neuen Instrumenten erfolgreich zu sein, ist ein entsprechendes Rüstzeug erforderlich. Dieses Rüstzeug besteht aus den Grundbegriffen des modernen Optionsgeschäfts, Erfahrungen am amerikanischen Optionsmarkt sowie Strategien für Anfänger und Fortgeschrittene. Der Handel mit Optionen auf Aktienindizes stellt nur eine Variante des Optionsgeschäfts dar. Eine weitere Variante ist der Handel auf Zinstermin-Kontrakte, der Mitte 1990 an der DTB startet.

Die Deutsche Terminbörse

ENDLICH NEUE SPEKULATIONS-CHANCEN <u>2.1.</u>

Während an allen wichtigen internationalen Finanzplätzen der Handel auf der Basis künftiger Kurse (Terminkontrakte) floriert – selbst an so exotischen Märkten wie Manila oder Djakarta wird auf Termin ge- oder verkauft – beginnt die hohe Schule der Spekulation in Deutschland erst mit den 90er Jahren.

Dabei ist das Interesse an einem breiten Terminmarkt auch hierzulande schon zuvor sehr groß. Das beweisen gleich zwei europäische Beispiele eindrucksvoll: die London International Financial Futures Exchange (Liffe) sowie die Pariser Marché a Terme International de France (Matif). An beiden Börsen werden neben nationalen Abschlüssen auch Terminkontrakte auf deutsche Wertpapiere rege gehandelt. Seit April 1989 notieren in London und Paris Terminkontrakte auf den Dreimonatszins für Euro-Mark. Und in London werden schon seit letztem Herbst Terminkontrakte auf deutsche Bundesanleihen, die sogenannten Bunds, und Optionen auf diesen Kontrakt gehandelt.

Weder an der Themse noch in der Seine-Metropole agieren die Marktteilnehmer nur unter sich. Auch deutsche Anleger erteilen über ihre Hausbanken fleißig Aufträge, um sich gegen Risiken am deutschen Rentenmarkt abzusichern, auf Zinsänderungen zu spekulieren oder einfach Strategien zu üben, die mit dem bisherigen deutschen Optionshandel gar nicht möglich waren.

Um international nicht noch mehr ins Abseits zu geraten, wurde endlich die Deutsche Terminbörse (DTB) im Juli 1988 ins Leben gerufen. Die Deutsche Terminbörse GmbH ist eine gemeinschaftliche Gründung des deutschen Kreditgewerbes und wurde mit einem Stammkapital von zehn Millionen Mark ausgestattet. Als Gesellschafter fungieren die drei Großbanken Deutsche Bank, Dresdner Bank und Commerzbank, die Deutsche Girozentrale, die Deutsche Genossenschaftsbank sowie jeweils sechs Regional- und Privatbanken.

2.2.　DIE ZUKUNFT BEGINNT MIT 14 PAPIEREN

Der Startschuß für die Deutsche Terminbörse fällt exakt am 26. Januar 1990. In der ersten Stufe ist der Handel mit standardisierten Optionen auf Aktien vorgesehen. Im Gegensatz zur bisherigen Praxis sollen die Optionskontrakte während der Laufzeit uneingeschränkt handelbar sein. Das heißt: Käufer und Verkäufer können ihre Positionen vor Ablauf der Optionsfrist glattstellen. Statt wie bisher die entsprechenden Aktien am Markt zu kaufen und anzudienen, werden Gewinne oder Verluste aus dem Optionsgeschäft kostengünstig nur auf dem Konto verrechnet.

Zunächst werden 14 besonders umsatzstarke Papiere ins Rennen geschickt: Allianz Holding, BASF, Bayer, BMW, Commerzbank, Daimler-Benz, Deutsche Bank, Dresdner Bank, Hoechst, Mannesmann, Thyssen, Siemens, Veba und VW.

Diese 14 Werte sollen nur ein Anfang sein. In den nächsten Jahren sollen Optionen auf alle 30 im Deutschen Aktienindex (DAX) enthaltenen Aktien an der DTB notiert werden.

Fest geplant ist außerdem ein Finanz-Terminkontrakt auf den DAX. Ab Sommer 1990 soll der Handel auf DAX-Financial-Futures, so die Bezeichnung im Börsenjargon, starten. Darauf freuen sich besonders die Profis,etwa die Manager von Investmentfonds, die damit quasi den ganzen deutschen Aktienmarkt handeln können.

Hinzu kommen Futures auf synthetische Bundesanleihen, die sogenannten Bund-Futures, die auf fiktive Anleihen des Bundes mit einem Nominalzins von sechs Prozent und einer Restlaufzeit von acht bis zehn Jahren basieren. Auch die Einführung von kurz- und mittelfristigen Zinskontrakten ist in Planung.

2.3.　WAS DAS GESETZ VERLANGT

Damit die DTB planmäßig den Handel aufnehmen kann, war eine Novellierung des Börsengesetzes aus dem Jahre 1896 erforderlich. Ende Juli 1989 wurde die Börsengesetznovelle verkündet, zum 1. August 1989 trat sie in Kraft.

Bisher waren nach Paragraph 50 des Börsengesetzes nur Waren oder Wertpapiere terminhandelsfähig. Futures und Optionen sind aber keine Wertpapiere. Sie beinhalten nur das Recht oder die Verpflichtung, Unterschiedsbeträge finanziell auszugleichen. Deshalb war es unumgänglich, den Passus auf die neuen Instrumente auszuweiten.

Auch der Kreis der Personen, die Termingeschäfte an der Börse abschließen dürfen, mußte erweitert werden. Nach Paragraph 53 des Börsengesetzes konnten bislang nur Vollkaufleute, Börsenbeteiligte und Ausländer mit sogenannter Börsentermingeschäftsfähigkeit verbindlich Termingeschäfte abschließen. Privatpersonen durften bisher den sogenannten Termin- und Differenzeinwand (Paragraph 58 Börsengesetz, Paragraph 764 Bürgerliches Gesetzbuch) bei schiefgelaufenen Spekulationen geltend machen, ihre Verpflichtungen waren dann grundsätzlich nicht verbindlich.

Damit der private Anleger nun am Terminhandel teilnehmen kann, muß er gemäß Paragraph 53, Absatz 2 Börsengesetz ein von der Bank vorbereitetes Schreiben unterzeichnen, worin auf die Risiken solcher Geschäfte eindringlich hingewiesen wird. Dadurch stellen die Banken gleichzeitig sicher, daß ihr Kunde den Differenzeinwand nicht geltend machen kann.

Nachdem der Privatanleger per Gesetz börsentermingeschäftsfähig gemacht wurde, werden, so die Planung, auch die gesetzlichen Vorschriften für institutionelle Anleger – das Versicherungsaufsichtsgesetz und das Gesetz über die Kapitalanlagegesellschaften – geändert, damit sich Versicherungen und Investmentfonds am Handel mit Optionen und Terminkontrakten beteiligen können.

Welche neue Gewinnchancen sich mit der ins Leben gerufenen DTB eröffnen, zeigt das nächste Kapitel.

BÖRSE PER COMPUTER 2.4.

Mit der Schaffung der DTB findet in der föderativen deutschen Börsenstruktur eine Revolution statt. Denn anders als bei den acht Wertpapierbörsen in Berlin, Bremen, Düsseldorf, Frankfurt, Hamburg, Hannover, München und Stuttgart handelt es sich bei der DTB um eine vollelektronische Börse, die ohne Parkett und ohne Makler auskommt. Der Handel wird über Bildschirmterminals abgewickelt, die direkt mit dem Zentralcomputer der Terminbörse verbunden sind. Die Börsenmitglieder können per Tastendruck innerhalb weniger Sekunden Geschäfte mit Optionen und Terminkontrakten abwickeln. Nachdem der Auftrag in das System eingegeben worden ist, führt eine Übereinstimmung von Orderdaten zu einem Handelsabschluß.

Für einen kontinuierlichen Handel, der von zehn Uhr morgens bis vier Uhr nachmittags dauern wird, sorgen sogenannte Market-Maker. Sie verpflichten sich, für die von ihnen betreuten Werte ständig Kauf- und Verkaufskurse zu nennen und somit den Terminmarkt funktionsfähig zu halten. Damit die Spannen zwischen An- und Verkaufskursen nicht zu groß werden, sollen für die gehandelten Terminkontrakte gleich mehrere, untereinander konkurrierende Market-Maker zuständig sein.

Die vollcomputerisierte deutsche Terminbörse verschafft den Marktteilnehmern den Vorteil, den gleichen Informationsstand zu besitzen. Zudem wird der Geschäftsablauf rationalisiert.

CHANCEN UND STRATEGIEN 2.5.

Mit dem reformierten Optionshandel sowie den Terminkontrakten auf den DAX und auf Zinstitel wird eine Fülle neuer Anlagestrategien möglich. Institutionellen Investoren wie Banken, Versicherungen oder Investmentfonds stehen dann geeignete Instrumente zur Absicherung ihrer Wertpapierbestände und zum Schutz gegen Zinsrisiken zur Verfügung. Außerdem können sie als Stillhalter bei Optionsgeschäften ihre Einkünfte aufbessern und damit ihre Erfolge steigern.

Auch für Spekulanten ergeben sich neue Chancen. Durch den vergleichsweise geringen Einsatz an finanziellen Mitteln setzen sie auf den Hebeleffekt und können dabei neue Erfolgskonzepte testen.

3

Grundlagen des Options- handels

VON ROM ÜBER CHICAGO NACH FRANKFURT   3.1.

Schon die Römer, aber vor allem die handelsfreudigen Phönizier betrieben rege Termingeschäfte. So verkauften etwa die Latifundienbesitzer ihre noch nicht eingebrachten Ernten und bekamen dafür vorzeitig silberne Sekel oder Sesterzen. Und viele Händler erhielten Bares für Waren, die sie erst im Vorderen Orient besorgen mußten. Wären zur Blütezeit der Spekulation in Tulpenzwiebeln in Amsterdam keine Termingeschäfte möglich gewesen, hätte dieses Ereignis aus dem Jahre 1643 wohl kaum Eingang in die Annalen gefunden.

Trotz der historisch guten Erfahrungen erlangte das Termingeschäft erst Mitte des letzten Jahrhunderts in den Vereinigten Staaten große Popularität. An der 1848 gegründeten Chicago Board of Trade (CBOT) wurden landwirtschaftliche Erzeugnisse wie Weizen, Reis oder Rinder während des ganzen Jahres gehandelt. Der Erfolg dieser Warentermingeschäfte und neu aufgekommene Sicherungsbedürfnisse bei Aktien veranlaßten die bedeutendste US-Warenterminbörse 1971, eine Studie über das Optionsgeschäft mit Aktien zu erstellen. Das Ergebnis: Zwei Jahre später eröffnete die Schwesterbörse Chicago Board Options Exchange (CBOE) den Handel mit Kaufoptionen für 16 verschiedene Aktien. Vom Erfolg inspiriert, wurden schnell zahlreiche neue Aktienoptionen aufgenommen.

Der geregelte Börsenhandel mit Optionen eröffnete dem Investor eine völlig neue Welt der Absicherung gegen unliebsame Kursschwankungen sowie neue Spekulationsmöglichkeiten.

Die starke Nachfrage privater und institutioneller Anleger führte zu einem rasant steigenden Handelsvolumen. Dadurch wurden auch andere Finanzplätze hellhörig. Im Juni 1976 setzte sich der Siegeszug des Optionshandels fort. Die American Stock Exchange startete nun ebenfalls ein von Anfang an reibungslos funktionierendes Optionsgeschäft. Wenig später gesellten sich die Pacific Stock Exchange und die Philadelphia Stock Exchange hinzu.

Am 11. März 1983 führte die CBOE die erste Index-Option ein, und zwar auf den Aktienindex von Standard & Poor's 100. Diese Idee wurde auch von anderen Börsenplätzen übernommen. Inzwischen werden in den USA zwölf verschiedene Aktienindizes per Option gehandelt.

3.2. DEUTSCHER OPTIONSHANDEL VOR AUFHOLJAGD

Als 1970 nach einer Pause von 39 Jahren hierzulande der Optionshandel wieder aufgenommen wurde, waren die Erwartungen groß. Doch zwei Jahrzehnte lang führte dieses Marktsegment nur ein Schattendasein. Der Grund: Bisher durften mit den Versicherungen und Investmentfonds zwei potente Anlegergruppen nur sehr eingeschränkt am Optionshandel teilnehmen, so daß Aktiengeschäfte auf Termin vorwiegend zu einer Veranstaltung der privaten Anleger und der Banken wurden.

Doch auch mit privaten Anlegern war der Optionshandel problematisch: So mancher, dessen Spekulation am Optionsmarkt nicht aufging, suchte sein Heil im Bürgerlichen Gesetzbuch (BGB) und weigerte sich unter Berufung auf den bereits erwähnten Differenz- und Termineinwand, seiner Verpflichtung nachzukommen. Diese angestaubten Vorschriften besagen nämlich, daß Differenzverträge als Spiel anzusehen sind. Und Spielschulden können bekanntlich nicht eingefordert werden. Damit seriöse Kunden dennoch am Optionsgeschäft teilnehmen konnten, behalfen sich die Banken mit juristischen Tricks: Der Privatkunde mußte das Geldhaus in einem separaten Formular ermächtigen, sein Geld für Optionsgeschäfte einzusetzen.

Wie trostlos der Optionshandel zeitweise verlief, zeigte sich kraß an der Düsseldorfer Börse. Dort wurden die wenigen Aufträge in einer Zigarrendose gesammelt. An manchen Tagen hätte auch eine Streichholzschachtel gereicht. Die 1978 eingeführte Beschränkung der Laufzeiten brachte nicht die erhoffte Belebung. Im März 1983 folgte ein neuer Versuch, das deutsche Optionsgeschäft attraktiver zu machen. Durch Standardisierung von Basispreisen und Verfallterminen wurde wenigstens der Käufer einer Option flexibler. Trotzdem blieb der große Durchbruch aus. Um das jährliche Optionsvolumen der Frankfurter Börse umzuschlagen, bräuchten die amerikanischen Optionsbörsen maximal drei Tage.

Noch schlimmer sind die Erfahrungen mit dem Optionshandel auf Anleihen. Es kam über Monate hinweg kein einziger Abschluß zustande. Der geplante Terminhandel mit synthetischen Bundesanleihen dürfte endlich Leben in den Rentenmarkt bringen.

Schließlich ist das Bedürfnis nach einer Sicherung gegen Zinsschwankungen in den vergangenen Jahren stark gewachsen.

HANDEL IN DER CITY 3.3.

Obwohl es in London schon seit dem 18. Jahrhundert eine Aktienbörse gibt, wurde erst 1978 der Handel mit Aktienoptionen eingeführt. Im London Traded Options Market (LTOM) war das Angebot an Optionen allerdings nicht groß: Gerade auf sechs Standardwerte ließen sich solche Kontrakte abschließen. Der endgültige Durchbruch des Optionshandels kam 1984 mit der Emission der British-Telecom-Aktie. Ein Jahr später waren bereits 32 Optionen auf Aktien gelistet, und es gab Optionen auf den Financial-Times-100-Index.

1982 schließlich wurde der Londoner Terminhandel The London International Financial Futures Exchange (Liffe) geöffnet. An der Terminbörse werden 14 Termin- und sieben Optionskontrakte gehandelt. Die Liffe profitiert besonders von der günstigen Zeitzone. Denn die Liffe-Händler erwischen den Schluß der asiatischen Börsen und haben noch geöffnet, wenn der US-Handel beginnt.

DIE AKTIENOPTION: EIN WAHLRECHT 3.4.

In der Alltagssprache ist eine Option nichts anderes als ein Recht, irgend etwas zu tun oder es zu lassen. Selbst Fußballvereine nutzen die Option auf einen Spieler, um ihn nach Ablauf des regulären Vertrages ein weiteres Jahr für sich kicken oder zu einem anderen Verein gehen zu lassen. An der Börse verleihen Aktienoptionen das Recht, eine feste Anzahl bestimmter Aktien zu einem festgelegten Preis innerhalb eines befristeten Zeitraumes zu kaufen oder zu verkaufen.

Zu unterscheiden sind zwei Arten von Optionen: Während die Kaufoption den Besitzer dazu berechtigt, eine Aktie zu kaufen, verleiht ihm die Verkaufsoption das Recht, die Aktie zu veräußern. Der Preis, zu dem die Aktie ge- oder verkauft wird, heißt Basis- oder Ausübungspreis. Weil das jeweilige Kauf- oder Verkaufsrecht nur für eine bestimmte Dauer gilt, hat jede Option ein Verfalldatum.

Der Optionsvertrag wird immer zwischen zwei Vertragspartnern geschlossen. Mit anderen Worten: Jedem Käufer einer Option steht als Kontrahent ein Verkäufer gegenüber. Erwirbt man eine Kaufoption, ist die Gegenseite verpflichtet, die Aktien entsprechend zu liefern, wenn der Käufer es verlangt. Im umgekehrten Fall, bei einer Verkaufsoption, erwirbt der Käufer das Recht, Aktien zu verkaufen. Der Kontrahent muß dann die Papiere abnehmen und den vereinbarten Preis zahlen. Der Käufer wird auch Halter genannt. Ein anderer Terminus besagt, daß er „long" in einer Option ist. Der Verkäufer einer Option wird Schreiber oder Stillhalter genannt, im angelsächsischen Begriff ist er „short".

Für das Wahlrecht zahlt der Käufer einer Option dem Verkäufer einen Preis, der als Prämie bezeichnet wird.

Jeder Optionskontrakt weist vier Merkmale auf:

1. den Optionstyp (Kauf- oder Verkaufsoption)
2. die zugrundeliegende Aktie
3. den Verfalltermin
4. den Basispreis.

VERGLEICH ZWISCHEN OPTIONSKÄUFER UND OPTIONSVERKÄUFER		
		Tabelle 1 zu 3. 4
Synonyme Begriffe	Kaufoption ist	Verkaufsoption (Put)
Käufer	Recht, bestimmte Aktien zu	Recht, bestimmte Aktien zu
Halter	festem Preis innerhalb festge-	festem Preis innerhalb festge-
"long"	setzter Frist zu kaufen	setzter Frist zu verkaufen
Verkäufer	Pflicht, bestimmte Aktien zu	Pflicht, bestimmte Aktien zu
Schreiber (Writer)	festem Preis innerhalb festge-	festem Preis innerhalb festge-
"short"	setzter Frist zu liefern	setzter Frist abzunehmen

Beispiel: Eine Kaufoption Siemens Juni 600 gibt dem Käufer das Recht, 50 Aktien des Münchner Technologiekonzerns Siemens für 600 Mark zu kaufen. Dieses Recht läuft im Juni 1990 aus. Der Preis einer börsennotierten Option wird in Mark pro Aktie angegeben. Weist die entsprechende Kursspalte 20 Mark aus, kostet die Option demnach 1.000 Mark.

Charakteristisch für den Handel mit Aktienoptionen ist ihre Standardisierung nach Optionstyp, zugrundeliegender Aktie, Verfalltermin und Basispreis. Zur Auswahl stehen Kaufoptionen (Calls) und Verkaufsoptionen (Puts). Ein Kontrakt lautet über 50 Aktien. Eine Option läuft immer bis zum ersten Freitag, der dem 14. Tag des Verfallmonats folgt, also etwa bis Mitte Januar, April, Juni oder Oktober. Die längste Laufzeit beträgt neun Monate. Anlehnend an amerikanische Usancen sind die Optionen während der Börsenzeit handelbar oder können ausgeübt werden. Die Basispreise, also die Bezugspreise für die zugrundeliegende Aktie, richten sich nach dem Kurs des Papieres und sind nach Intervallen gestaffelt. Für deutsche Optionen ist folgende Regelung vorgesehen:

BASISINTERVALLE	
	Tabelle 2 zu 3. 4
Bei einem Aktienkurs bis *	liegt das Basisintervall bei
100 Mark	5 Mark
200 Mark	10 Mark
500 Mark	20 Mark
1000 Mark	50 Mark
über 1000 Mark	100 Mark
* ausschließlich	

Bei der Kreation von Aktienoptionen orientieren sich die Basispreise am Kurs der zugrundeliegenden Aktie. Sind die Preise aufgrund kräftiger Steigerungen oder Verluste nicht mehr realistisch, werden Serien mit neuen Basispreisen aufgelegt.

Die wichtigsten Fachbegriffe für das Optionsgeschäft sind wie folgt definiert:

Eine Kaufoption (englisch: Call) gibt dem Besitzer das Recht, eine festgelegte Anzahl von Aktien zu einem bestimmten Preis innerhalb eines festgelegten Zeitraumes zu kaufen.

Eine Verkaufsoption (Put) gibt dem Besitzer das Recht, eine festgelegte Anzahl von Aktien zu einem bestimmten Preis innerhalb eines festgelegten Zeitraumes zu verkaufen.

Der Basis- oder Ausübungspreis gibt an, zu welchem Kurs der Optionsbesitzer die Aktie kaufen oder verkaufen kann, wenn er seine Option ausübt.

Der Verfall- oder Auslauftermin bestimmt, bis zu welchem Zeitpunkt das Optionsrecht ausgeübt werden kann.

Die Handelseinheit je Option beträgt an den deutschen Börsen 50 Aktien und kann sich nur vorübergehend durch Kapitalmaßnahmen ändern.

Die Optionsprämie ist der Geldbetrag, den der Käufer einer Option an den Verkäufer zahlen muß und richtet sich nach dem Marktgesetz von Angebot und Nachfrage.

Bei einem Kauf wird der Anleger zum Besitzer einer Option, geht also „long". Um die Long-Position später zu schließen, verkauft der Optionsbesitzer dann den gleichen Kontrakt; er stellt seine Long-Position glatt.

Bei einem Verkauf wird der Anleger zum Schreiber (Stillhalter) einer Option und ist somit „short". Geschlossen wird die Short-Position vom Stillhalter mit einem Optionskauf.

Optionsklassen sind Optionen des gleichen Typs (Kauf- oder Verkaufsoptionen) eines bestimmten Wertpapiers (z. B. alle Siemens Kaufoptionen).

Bei einer Optionsserie einer Aktie ist die Klasse mit gleichem Verfalltermin + Basispreis ausgestattet, z. B. alle IBM Juni 110 Kaufoptionen.

Eine Optionsserie einer Aktie ist mit dem gleichen Verfalltermin und mit gleichen Basispreisen ausgestattet.

Bei der Ausübung (exercise) macht der Optionsbesitzer von seinem Recht Gebrauch, Aktien zu kaufen oder zu veräußern. Dieses Recht kann hierzulande während der offiziellen Börsenzeit ausgeübt werden. Aus Spesengründen dürfte die Ausübung freilich nur die Ausnahme darstellen. Vielmehr wird der Optionskontrakt zumeist durch ein Gegengeschäft glattgestellt.

Die Andienung (assignment) tritt dann ein, wenn der Optionsbesitzer vom Schreiber verlangt, seiner Verpflichtung aus dem Optionskontrakt nachzukommen. Der Schreiber ist dann gehalten, die Papiere zum vereinbarten Preis zu liefern. Bei einer Verkaufsoption muß der Schreiber die Aktien zum vereinbarten Preis abnehmen.

Was das Wahlrecht kosten darf

Der Besitzer einer Option hat drei Möglichkeiten. Er kann
– die Option ausüben
– die Option verfallen lassen
– die Option während der Laufzeit wieder verkaufen.

Die Entscheidung für eine dieser Möglichkeiten hängt vom Marktwert der Option ab. Die Optionsprämie ist wiederum abhängig vom Kurs der zugrundeliegenden Aktie sowic von der verbleibenden Restlaufzeit des Kontraktes. Generell gilt die Gleichung:

Innerer Wert + Zeitwert = Optionsprämie

Der innere Wert ist die Differenz zwischen dem Basispreis der Option und dem Kurs der Aktie. Beispiel: Kostet die Siemens-Aktie 580 Mark bei einem Basispreis der Option von 560 Mark, liegt der innere Wert der Kaufoption bei 20 Mark. Die Formel für den inneren Wert einer Kaufoption lautet:

Aktienkurs – Basispreis = Innerer Wert

Analog läßt sich der innere Wert einer Verkaufsoption ermitteln:

Basispreis – Aktienkurs = Innerer Wert

Bei einem Basispreis von 600 Mark und einem Kurs der Siemens-Aktie von 580 Mark errechnet sich ein innerer Wert der Verkaufsoption von ebenfalls 20 Mark.

In diesem Zusammenhang treten auch die Begriffe im Geld, am Geld und aus dem Geld auf. Hat eine Option einen inneren Wert, ist sie im Geld. Ist eine Option aus dem Geld, so besitzt sie keinen inneren Wert. Das bedeutet im Fall einer Kaufoption, daß der Basispreis unter dem Aktienkurs liegt. Eine Verkaufsoption ist aus dem Geld, wenn der Aktienkurs über dem Basispreis liegt. Entspricht der Aktienkurs dem Basispreis, ist die Option am Geld, klopft also an der Schwelle des inneren Wertes an. Zur Verdeutlichung eine Übersicht:

IM GELD, AM GELD, AUS DEM GELD

Tabelle 3 zu 3. 4

Kurs der Aktie liegt	Kaufoption ist	Verkaufsoption ist
über dem Basispreis	im Geld	aus dem Geld
am Basispreis	am Geld	am Geld
unter dem Basispreis	aus dem Geld	im Geld

Der Zeitwert einer Option richtet sich nach ihrer Laufzeit. Je entfernter der Verfalltermin liegt, um so mehr kann sich der Aktienkurs noch ändern. Je näher der Auslauftermin heranrückt, desto geringer fällt die Zeitprämie aus. Die Zeitprämie errechnet sich aus:

Optionsprämie – Innerer Wert der Option = Zeitwert

ZEITPRÄMIE UND OPTIONSWERT

Tabelle 4 zu 3. 4

Kurs von Siemens	Preis Siemens-April 1990-500-Kaufoption	Innerer Wert der Option	Zeitprämie
400	5	0	5
430	10	0	10
450	20	0	20
470	30	0	30
500	50	0	50
530	70	30	40
550	80	50	30
570	90	70	20
600	105	100	5

Ist die Option aus dem Geld, entspricht die Prämie dem Zeitwert und damit dem Prinzip Hoffnung. Als Faustregel gilt: Je höher der innere Wert einer Option ausfällt, desto niedriger ist der Zeitwert. Die Erfahrung lehrt, daß eine Option in der Regel dann den größten Zeitwert aufweist, wenn der Aktienkurs dem Basispreis entspricht, also am Geld liegt. Geht eine Option stark ins Geld oder deutlich aus dem Geld, vermindert sich die Zeitprämie erheblich. Die Tabelle zeigt diesen Effekt (Angaben in Mark):

WELCHE FAKTOREN DIE OPTIONSPRÄMIE BEEINFLUSSEN
3.5.

Die Prämie für eine Kauf- oder Verkaufsoption ist von einer Reihe wichtiger Faktoren abhängig.

Der Aktienkurs

Zu den wichtigsten Einflußfaktoren zählt natürlich der Kurs der zugrundeliegenden Aktie. Liegt die Notierung weit unter oder über dem Basispreis, verlieren alle andere Daten an Bedeutung. Die Bedeutung des Aktienkurses wird zum Verfalltermin besonders deutlich. Denn an diesem Tag bestimmen ausschließlich Aktienkurs sowie Basispreis den Wert der Option. Das Schaubild soll diesen Zusammenhang noch einmal veranschaulichen. Die vertikale Achse gibt den inneren Wert der Option

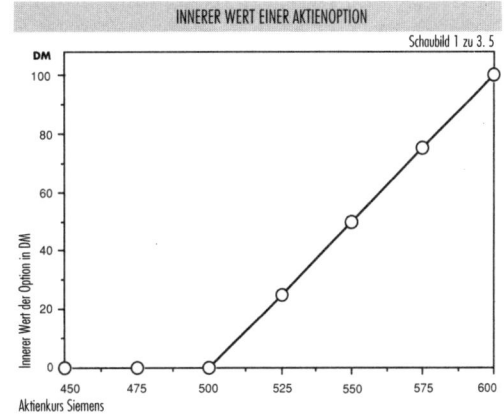

INNERER WERT EINER AKTIENOPTION

Schaubild 1 zu 3. 5

an, die Horizontale die möglichen Aktienkurse. Wie der Grafik zu entnehmen ist, beträgt der innere Wert Null, wenn die Option aus dem Geld oder am Geld liegt. Sobald der Aktienkurs über dem Basispreis liegt, gewinnt die Option an inneren Wert und ist im Geld.

Der Basispreis

Die für eine Option gezahlte Prämie hängt stark vom jeweiligen Basispreis ab. Beispiel: Bayer-Kaufoption April 1990 (alle Angaben in Mark). Aus dieser Tabelle folgt: Je weiter die Kaufoption im Geld ist, um so höher ist die Optionsprämie. Oder umgekehrt: Je weiter die Option aus dem Geld liegt, desto niedriger ist der Optionspreis. Die Prämie reflektiert also das eingegangene Risiko des Investors. Je mehr der Basispreis einer Kaufoption vom aktuellen Aktienkurs entfernt ist, desto stärker müßte die Aktie steigen, damit die Op-

BASISPREISE UND OPTIONSPRÄMIE

Tabelle 1 zu 3.5

Basispreis	Optionsprämie
280	45
300	35
320	20
340	5

tion in den Gewinnbereich kommt.

Analog gilt für Verkaufsoptionen: Je weiter die Option aus dem Geld liegt, um so niedriger ist die Prämie. Verkaufsoptionen sind aus dem Geld, wenn der Basispreis unter dem aktuellen Aktienkurs liegt.

Die Laufzeit

Auch die Laufzeit ist ein wesentlicher Bestimmungsfaktor der Optionsprämie. Denn sie gibt letztlich die Zeitspanne an, in der die erwartete Entwicklung eintreten muß. Hierzulande haben die Optionen höchstens eine Laufzeit von neun Monaten. Je mehr Zeit der Investor für die Ausübung seiner Option besitzt, um so mehr ist er bereit, dafür zu zahlen. Je kürzer die Option läuft, desto größer ist das Risiko, daß die erwartete Bewegung in der entsprechenden Zeitspanne nicht eintritt.

Der Zeitwert ist aber nicht nur von der verbleibenden Laufzeit, sondern auch vom Verhältnis Basispreis zu Ak-

INNERER WERT UND ZEITWERT

Tabelle 1 zu 3. 5

Kurs der VW-Aktie	Prämie für die Kaufoption	Innerer Wert	Zeitwert
340	10	0	10
360	15	0	15
380	25	0	25
400	35	0	35
420	47,50	20	27,50
440	62,50	40	22,50
460	80	60	20
480	97,50	80	17,50
500	115	100	15

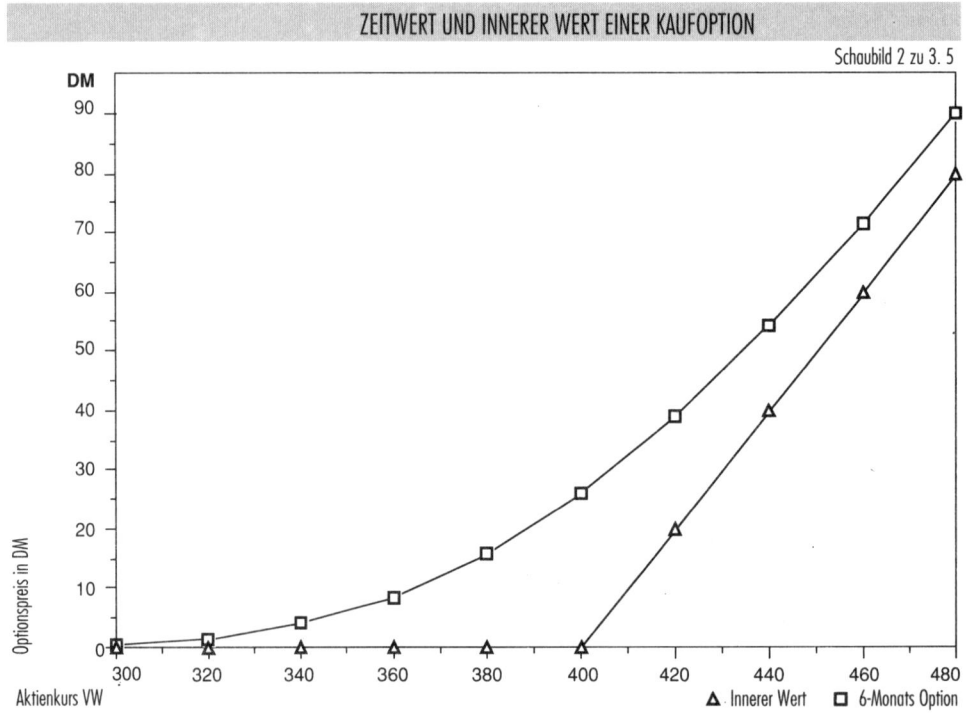

ZEITWERT UND INNERER WERT EINER KAUFOPTION

Schaubild 2 zu 3. 5

Optionspreis in DM — Aktienkurs VW

△ Innerer Wert   □ 6-Monats Option

28

tienkurs abhängig. Die Tabelle zeigt die Veränderung des Zeitwertes der VW-Kaufoption mit dem Basispreis 400 und der Laufzeit bis April 1990 in Relation zum jeweiligen Aktienkurs (alle Angaben in Mark): Die Daten dieser Tabelle sind auf Schaubild 2 übertragen und verdeutlichen folgende Zusammenhänge:

– Der Zeitwert ist am größten, wenn Basispreis und Aktienkurs gleich hoch sind.

– Je weiter sich der Aktienkurs vom Basispreis entfernt, desto geringer wird die Zeitprämie.

– Liegt der Aktienkurs weit unter oder weit über dem Basispreis, notiert die Option nahe ihrem inneren Wert.

Die Kurve zeigt, wie der Preis der VW-April-400-Kaufoption verlaufen kann, wenn die restliche Laufzeit noch sechs Monate beträgt. Rückt der Verfalltermin näher, fällt die Kurve stetig ab. Am Verfalltag entspricht der Optionspreis dem inneren Wert.

In der nächsten Grafik wird der Verlauf von Optionen mit Laufzeiten von drei, sechs und neun Monaten wiedergegeben.

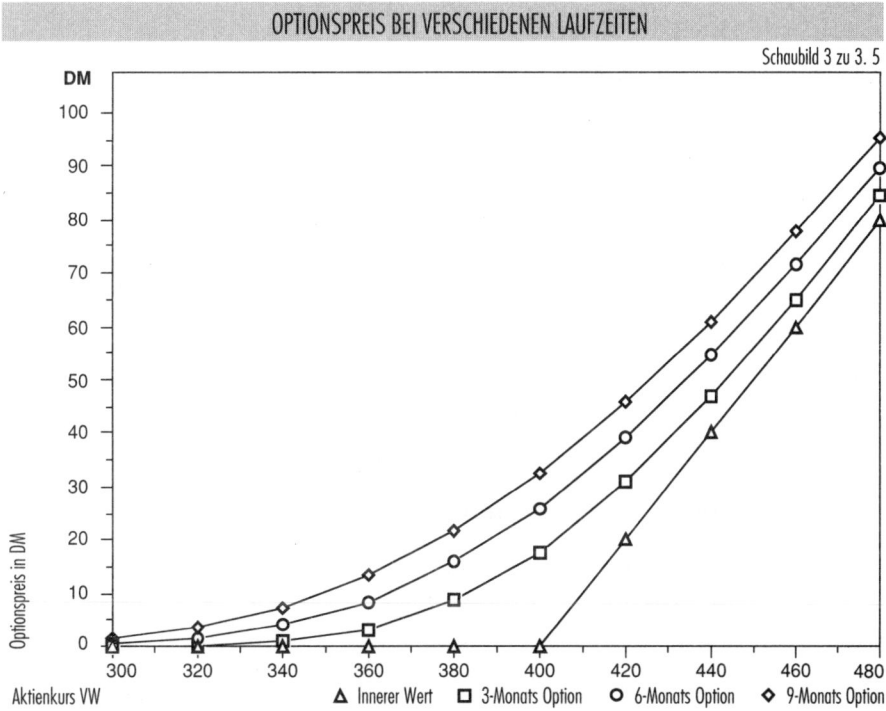

Fazit: Am Basispreis ist die Differenz zwischen den einzelnen Optionskontrakten mit unterschiedlicher Restlaufzeit am größten. Je weiter sich der Aktienkurs vom Basispreis entfernt, desto geringer wird der Abstand zwischen den Optionspreisen. Das bedeutet, daß bei konstanten Aktienkursen die Optionspreise fallen, je näher der Verfalltermin heranrückt. Der Wertverlust ist nicht linear. Vielmehr fällt die Prämie bei unverändertem Aktienkurs erst während den letzten drei bis vier Wochen der Laufzeit empfindlich zurück.

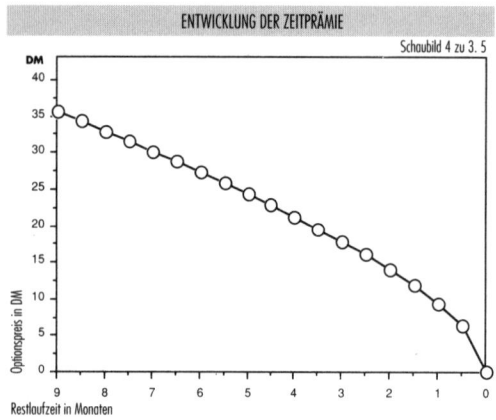

ENTWICKLUNG DER ZEITPRÄMIE

Schaubild 4 zu 3. 5

Am Ende der Laufzeit ist die Zeitprämie gleich Null. Dieser Zusammenhang soll im Schaubild noch einmal dargestellt werden.

Die Volatilität

Ein weiterer Einflußfaktor auf den Optionspreis ist die sogenannte Volatilität der zugrundeliegenden Aktie. Darunter wird die Schwankungsbreite einer Aktie verstanden. Zeichnet sich ein Papier durch hohe Dynamik aus, liegt die Chance einer großen Kursbewegung innerhalb der Laufzeit der Option sehr hoch. Folglich wird der Anleger bereit sein, für volatile Aktien auch höhere Prämien zu bezahlen. An einem Beispiel sollen die Optionspreise zweier Aktien betrachtet werden, die sich nur in ihrer Volatilität unterscheiden.Deutsche Bank und Karstadt notieren bei 560 Mark. Auf beide Aktien werden sechsmonatige Kaufoptionen mit dem Basispreis 550 Mark gehandelt. Deutsche Bank hat eine wöchentliche Kursschwankung von drei Prozent, Karstadt dagegen von sechs Prozent. Der Preis für die Option der Deutschen Bank liegt bei 35 Mark, für die von Karstadt bei 63 Mark. Die höhere Volatilität der Karstadt-Aktie spiegelt sich also in einer fast doppelt so hohen Optionsprämie wider.

Erwartungen der Marktteilnehmer

Gewiß sind auch die Erwartungen der Marktteilnehmer für den künftigen Kursverlauf einer Aktie oder der gesamten Börse ein wichtiger Parameter für den Preis einer Option. In Haussezeiten, auch Bullmärkte genannt, sind erfahrungsgemäß Kaufoptionen beliebter. Gleichzeitig sinkt das Interesse, Kaufoptionen zu veräußern, da der Anleger noch höhere Optionsprämien erwartet und an einem erwarteten Anstieg seiner Aktien partizipieren möchte. In einer solchen Situation treffen auf viele Kauffreudige nur wenig potentielle Stillhalter. Die Preise für Kaufoptionen steigen. Für Verkaufsoptionen gilt dann das Gegenteil: Da die Aktienkurse steigen, wollen auch mehr Investoren Verkaufsoptionen schreiben. Denn steigen die Kurse weiter, verfallen die wertlosen Verkaufsoptionen; und die Stillhalter kassieren die Optionsprämie. Dagegen ist in Haussephasen die Bereitschaft gering, Verkaufsoptionen zu erwerben, da mit einem aufstrebenden Aktienmarkt sinkende Prämien für Verkaufsoptionen einhergehen.

In Baissemärkten hingegen sinken die Preise für Kaufoptionen. Denn bei fallenden Aktienkursen wollen Aktienbesitzer verstärkt Kaufoptionen schreiben, um die Prämie zu vereinnahmen. Gleichzeitig sinkt das Interesse der Spekulanten, Kaufoptionen zu erwerben. Andererseits steigen die Prämien für Verkaufsoptionen. Neben den Spekulanten, die als Käufer von Verkaufsoptionen bei fallenden Kursen auf einen Gewinn hoffen, suchen nervöse Aktionäre nach einem Schutz gegen den Wertverlust ihrer Papiere. Beide Gruppen steigern somit die Nachfrage nach Verkaufsoptionen, denen nur ein bedingtes Angebot gegenübersteht.

DAS BLACK-SCHOLES-MODELL   3.6.

Nachdem der Investor den Markt beurteilt, eine Strategie und die Anzahl der Optionen bestimmt hat, muß er zuletzt eine Option auswählen. Fraglich ist also, ob die Option zu billig oder zu teuer ist.

Hilfestellungen leisten hier Optionsbewertungsmodelle, mit denen ein sogenannter fairer Optionswert errechnet werden kann. Das bekannteste Modell ist das Bewertungsmodell von Fischer Black und Myron Scholes, das im Jahr 1973 erschienen ist. Kern des Modells ist eine umfangreiche mathematische Gleichung, die alle Parameter einer Option berücksichtigt, wie Basispreis, Verfalltermin, Aktienkurs. Neben diesen Basisdaten berücksichtigt das Modell zusätzlich die Schwankungsbreite, die sogenannte Volatilität des Aktienkurses, sowie die Marktrendite für risikofreie Anlagen. Die Grundidee des Modells: Es ist möglich, ein perfekt gesichertes Depot einzurichten, das aus einer Anzahl von Aktien und der Gegenposition, einer entsprechenden Zahl von Optionen, besteht. Diese Kombination wird auch als neutraler Hedge (Schutz) bezeichnet und kann beispielsweise folgendermaßen aussehen:

Kauf von 100 IBM-Aktien und Verkauf einer IBM-Kaufoption, der 100 Aktien zugrunde liegen.

Bei diesem Depot wird jeder Gewinn (Verlust) aus dem Anstieg des Aktienkurses ausgeglichen durch den gleichzeitigen Verlust (Gewinn) auf der Optionsseite, solange die Kursschwankungen der IBM-Aktien nicht zu groß werden. Mit der Formel wird also unterstellt, daß Optionen das Marktrisiko eines Aktienportfolios völlig eliminieren können.

Nach der Gleichung wird ein Preis als fairer Optionswert errechnet, der einen Gewinn in Höhe der Marktrenditen für risikolose Anlagen gleicher Laufzeit bringt. Ist der Preis der Option am Markt größer (kleiner) als der faire Wert, ist die Option zu teuer (zu billig, Abgeld). Wie jedes Modell unterliegt auch das von Black und Scholes bestimmten Voraussetzungen:

1. Die Rendite für risikofreie Anlagen ist bekannt und verändert sich nicht während der Zeit.

2. Die Aktienkurse bewegen sich ziellos; das heißt, die Kurse entwickeln sich zufällig mit einer konstanten Varianzrate (sogenannte Random-Walk-Theorie).
3. Die Unternehmen zahlen während der Laufzeit keine Dividenden.

4. Die Optionen können nur am Verfalltermin ausgeübt werden (sogenannte europäische Optionen).

5. Es werden keine Transaktionskosten berücksichtigt.

Die Formel:

a) für Calls :

C = A N(d) – B e-rt N(d-vt)

b) für Puts

P = -A N(-d) + B e-rtN(-d+vt)

mit
A= Aktienkurs
B= Basispreis
t= Restlaufzeit
r= Marktrendite für risikolose Anlagen
v= Volatilität (= Quadratwurzel aus der Varianzrate)
d= (log (A/Be -rt) / (vt) + 0,5vt
N(d)= bei d berechnete kumulative Standardnormalverteilung:

$$N(d) = (\int_{-\infty}^{d} e^{-x^2/2} \, dx)/\sqrt{2\pi}$$

Quelle: Ulrich Abel, Hartmut Bergmann, Georg Boing: Option, Neuss 1987.

Sicherlich erscheinen die Gleichungen auf den ersten Blick recht unübersichtlich und vielleicht auch kompliziert. Jedoch sind alle Parameter vorgegeben, bis auf die Größe v, die die Volatilität der Aktie ausdrückt.

Es gibt verschiedene Methoden, die Volatilität zu ermitteln. So kann der Anleger aufgrund seiner eigenen Beobachtung die Kursschwankung der Aktie schätzen. Die Volatilität kann aber auch aus historischen Kursbewegungen der Aktie errechnet werden. Oder man benutzt die sogenannte implizierte Volatilität. Das heißt: Die aktuelle Optionsprämie wird als fairer Preis betrachtet, und die Black-Scholes-Bewertungsgleichung wird nach der Volatilität aufgelöst. Diese implizierte Volatilität wird von Brokern und anderen Marktteilnehmern häufig als Indikator für einen Stimmungs- oder Trendwechsel in Aktien angesehen.

Beispiel: Ein Investor interessiert sich für den Kauf von IBM-Optionen und sammelt folgende Daten:

Aktienpreis:115 Dollar

Basispreis:115 Dollar

Restlaufzeit:0,6 Jahre

Rendite für risikolose Anlagen,

etwa amerikanische Schatzwechsel: 8 Prozent

Volatilität:15 Prozent im Jahr

Der faire Wert errechnet sich nach dem Black-Scholes-Modell für Kaufoptionen bei 8 3/8 Dollar und für Verkaufsoptionen bei drei Dollar. Der Investor kann diesen Wert nun mit dem aktuellen Optionswert vergleichen und daraus ableiten, ob die Prämie nach diesem Modell nun über- oder unterbewertet ist, und wenn ja, wie stark die Abweichungen sind. Sicherlich kann diese Gleichung nicht schnell mit der Hand gelöst werden. Es empfiehlt sich daher der Gebrauch von programmierbaren Taschenrechnern oder Computer-Programmen.

Das Black-Scholes-Modell findet in der Praxis eine breite Anwendung, obwohl es in der Literatur wegen der restriktiven Annahmen durchaus stark kritisiert wird. Dieses Modell ist nicht das einzige, das zur Bewertung von Optionen entwickelt wurde, gleichwohl aber das bedeutendste und bekannteste Modell. Letztlich entscheidet freilich die Börse darüber, wie hoch eine Option bewertet wird.

Zwischen Käufer und Verkäufer steht das Clearinghaus _____ 3.7.

Bei Optionsgeschäften könnte für den Optionskäufer eine Sorge in der Ungewißheit liegen, ob der Kontrahent die eingegangene Verpflichtung auch erfüllen wird. Da standardisierte Optionen anonym an der Börse gehandelt werden, bleiben Vertragspartner und deren Vermögen unbekannt. Diese Sorgen werden vom Verrechnungshaus, der sogenannten Clearing-Stelle, ausgeschaltet. Denn diese Einrichtung garantiert für die Erfüllung aller börsengehandelter Optionen.

Die Börsen rechnen ihre Transaktionen über das Clearinghaus ab. Im Gegensatz zum Aktiengeschäft können bei Optionen aber keine Zertifikate ausgeliefert oder transferiert werden. Das Geschäft wird vielmehr ausschließlich durch Abrechnungen und

Kontoauszüge beurkundet. Das Abrechnungshaus standardisiert daneben die Intervalle der Basispreise.

Investor A gibt seiner Bank oder seinem Broker den Auftrag, eine bestimmte Kaufoption zu erwerben. Gleichzeitig ordert Investor B über seine Bank, diese Option zu verkaufen. Beide Aufträge werden an die Börse weitergeleitet und zum Marktpreis ausgeführt. Nach Zahlung der Optionsprämie durch Investor A übernimmt das Verrechnungshaus die

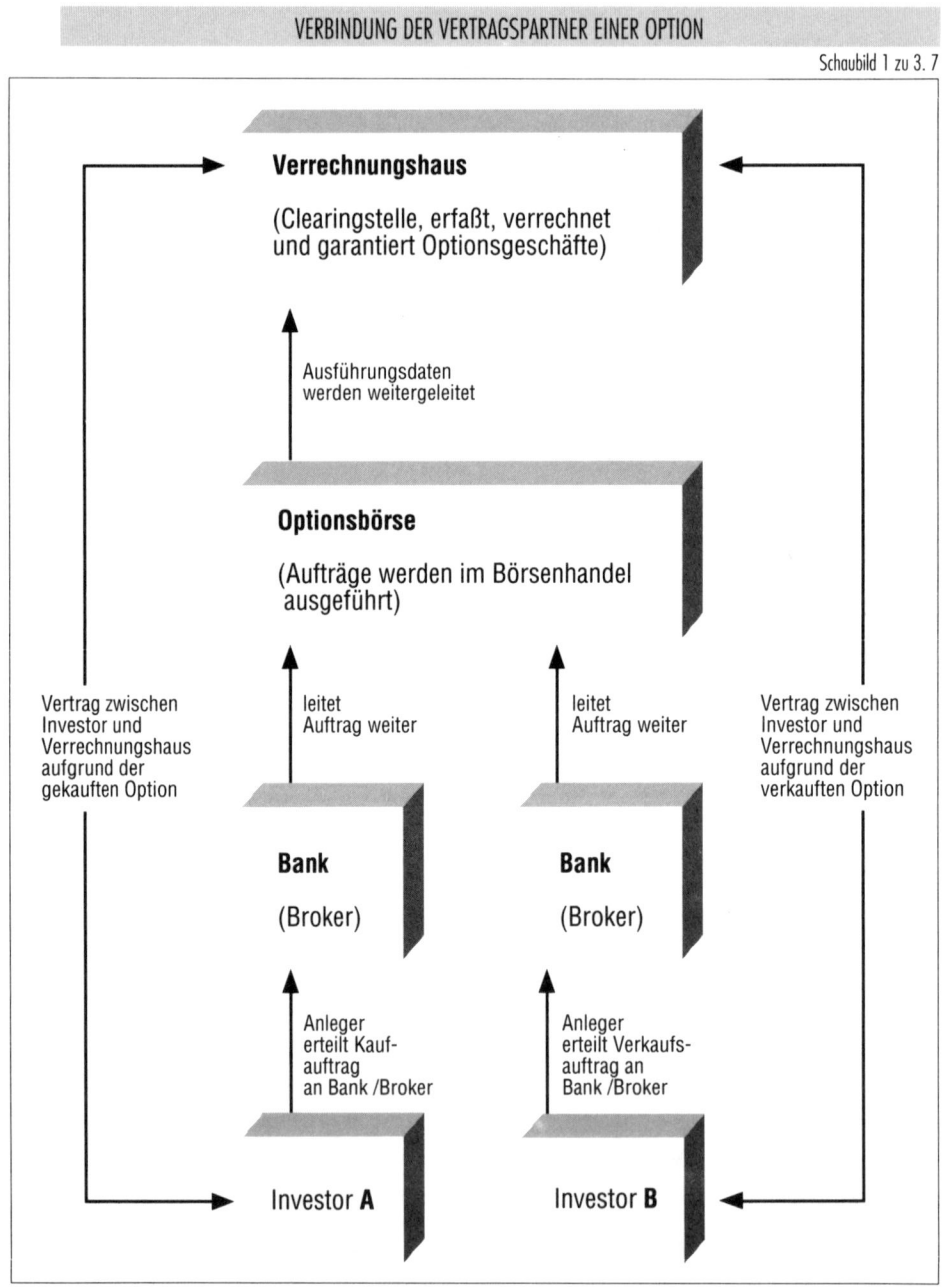

VERBINDUNG DER VERTRAGSPARTNER EINER OPTION

Schaubild 1 zu 3. 7

Verrechnungshaus

(Clearingstelle, erfaßt, verrechnet und garantiert Optionsgeschäfte)

Ausführungsdaten werden weitergeleitet

Optionsbörse

(Aufträge werden im Börsenhandel ausgeführt)

Vertrag zwischen Investor und Verrechnungshaus aufgrund der gekauften Option

leitet Auftrag weiter

leitet Auftrag weiter

Vertrag zwischen Investor und Verrechnungshaus aufgrund der verkauften Option

Bank

(Broker)

Bank

(Broker)

Anleger erteilt Kaufauftrag an Bank /Broker

Anleger erteilt Verkaufsauftrag an Bank /Broker

Investor **A**

Investor **B**

Mittlerposition. Die Clearing-Stelle garantiert alle ausgestellten Optionen und wird somit zum Kontrahenten für beide Vertragsparteien; aus einem sind also zwei Verträge geworden.

Diese Konstruktion hat einige Vorteile:
– Das Verrechnungshaus garantiert, daß der Besitzer einer Option sein Recht ausüben kann.
– Käufer und Verkäufer von Optionen können ihre späteren Entscheidungen unabhängig voneinander treffen.
– Ein Sekundärmarkt wird möglich. Hier können die Optionen während der Laufzeit ständig gehandelt werden.

Der Verkäufer (Schreiber) einer Option kann sich von seiner Verpflichtung nur lösen, wenn er die Option wieder zurückkauft. Damit wird freilich nicht das Recht des Käufers beeinträchtigt, die Option zu verkaufen, zu halten oder auszuüben. Vielmehr ist eine Option weniger im Umlauf, wenn der Optionshalter den gleichen Kontrakt wieder veräußert oder ein Stillhalter zurückkkauft. In der Praxis heben sich die meisten Optionen auf diese Weise gegenseitig auf, da sie vor dem Verfalltermin glattgestellt werden.

Auch in die DTB wird eine Clearing-Stelle integriert, die als Kontraktpartner in jedes Geschäft eintritt. Bisher fehlte hierzulande solch ein Abrechnungssystem; mit ein Grund, weshalb der deutsche Optionshandel sehr unflexibel war. Nachteile entstanden besonders den Stillhaltern von Optionen. Sie konnten sich mit Rückkäufen nicht glattstellen, sondern waren bis zum Ende der Optionsfrist an ihre zuvor eingegangene Verpflichtung gebunden, Aktien zu liefern oder abzunehmen. Durch den automatischen Eintritt der Clearing-Stelle in den Options- oder Terminkontrakt ist die Erfüllung der Option gewährleistet, denn der Kontraktpartner ist ebenfalls stets ein Clearing-Mitglied.

Da die bei allen Geschäften zwischengeschaltete Clearing-Stelle voll haftet, um das Bonitätsrisiko auszuschalten, werden an die Clearing-Struktur hohe Sicherheitsanforderungen gestellt. So dürfen etwa nur Clearing-Mitglieder Geschäfte abwickeln. Zudem sind umfangreiche Kontrollen durch die Clearing-Stelle, den Börsenvorstand und die Börsenaufsichtsbehörde vorgesehen.

Als Mitglieder der Clearing-Stelle werden an der DTB drei Gruppen unterschieden:
a) General-Clearing-Mitglieder können eigene Geschäfte abwickeln, aber auch für Kunden und Nicht-Clearing-Mitglieder tätig werden.
b) Direkt-Clearing-Mitglieder dürfen eigene Geschäfte und die ihrer Kunden abwickeln, nicht dagegen Geschäfte für andere Nicht-Clearing-Mitglieder.
c) Nicht-Clearing-Mitglieder müssen ihre Geschäfte über ein General-Clearing-Mitglied abwickeln.

Die Mitgliedschaft in der Clearing-Stelle ist an eine Reihe von Bedingungen gebunden. Zunächst einmal müssen die General- sowie Direkt-Clearing-Mitglieder ein

Mindestkapital nachweisen. Zudem muß das Mitglied die Garantie einer anderen Bank zugunsten der DTB vorweisen. Damit die ordnungsgemäße Abwicklung der Geschäfte gewährleistet ist, müssen die Mitglieder über die technischen Einrichtungen sowie über qualifiziertes Personal verfügen. Außerdem muß sichergestellt werden, daß die Kontrakt-Verbuchung über den Frankfurter Kassenverein und die geldmäßige Abwicklung über die Landeszentralbank Frankfurt erfolgen. Die Clearing-Mitglieder haften gegenüber der DTB für die Kontrakte, deren Abwicklung sie übernommen haben.

In den USA werden die Mitglieder des Verrechnungshauses von Brokerhäusern gestellt, bei denen auch die Konten der Optionskäufer und -Verkäufer geführt werden. Um das Abrechnungshaus gegen Konkurse ihrer Mitglieder zu schützen, müssen Sicherheiten – zumeist festverzinsliche Wertpapiere – hinterlegt werden.

3.8. WAS IST ANDERS BEIM HANDEL MIT OPTIONEN?

Das Aktienkapital wird verändert

Erfolgt während der Laufzeit der Option aufgrund einer Dividendenausschüttung ein Kursabschlag, bleibt der Basispreis der Option dennoch gleich. Halter von Kaufoptionen erhalten die Dividende nur dann, wenn sie ihre Option vor dem Tag ausüben, an dem die Aktie ex-Dividende notiert.

Dagegen findet bei Aktiensplits, Bezugsrechten oder Aktiendividenden, die vor allem in den USA gebräuchlich sind, eine Anpassung statt.

Beispiel für einen Aktiensplit: Die ABC-Aktie notiert bei 400 Mark, die Gesellschaft kündigt einen Split im Verhältnis 1 zu 1 an. Der Aktionär erhält also für eine Aktie zwei neue Papiere. Der Aktienkurs halbiert sich somit auf 200 Mark; die Aktienanzahl verdoppelt sich. Aus einer Kaufoption mit der Basis 400 Mark werden dann zwei Optionen mit einem Basispreis von 200 Mark.

Ähnlich sieht die Berechnung bei einer Aktiendividende aus. Dazu ein Beispiel aus den USA: Angenommen, ein Investor hält eine XYZ-Kaufoption mit Basispreis 40 Dollar. Die Gesellschaft schüttet keine Bardividende aus, sondern verteilt eine Aktiendividende von fünf Prozent. Ein Aktionär mit zuvor 100 Aktien besitzt nach der Ausschüttung somit 105 Anteile. Um den neuen Basispreis des Optionskontraktes zu errechnen, muß der aggregierte Basispreis aller Optionen von 4.000 Dollar (100 multipliziert mit 40) durch 105 geteilt werden. Der angepaßte Basispreis lautet dann 38 1/8 Dollar.

Limits gegen Marktbeherrschung

Das Verrechnungshaus limitiert die Anzahl der Optionen, die ein einzelner Investor auf einer Seite des Marktes halten darf. Die Übersicht zeigt, welche Positionen auf der gleichen Seite des Marktes liegen:

An der DTB sind die Obergrenzen für Options- und Terminkontrakte noch nicht genau festgelegt worden. In den USA limitiert die Options Clearing Corporation (OCC) die Anzahl der Optionskontrakte je nach Umsatz für eine Seite des Marktes auf

Long	Short
Kauf von Kaufoptionen	Kauf von Verkaufsoptionen
Verkauf von Verkaufsoptionen	Verkauf von Kaufoptionen

– 8.000 Kontrakte für sehr umsatzstarke Aktien, also Papiere mit einem Handelsvolumen von entweder 40 Millionen Aktien insgesamt innerhalb eines halben Jahres oder 30 Millionen Aktien, wenn von den Aktien dieses Unternehmens mindestens 120 Millionen Anteile im Umlauf sind;

– 5.500 Kontrakte für umsatzstarke Aktien, also Papiere mit einem sechsmonatigen Umschlag von entweder 20 Millionen Aktien oder 15 Millionen Papieren, wenn von diesen Aktien mindestens 40 Millionen Stück umlaufen;

– 3.000 Kontrakte bei umsatzschwächeren Aktien.

Ein Investor kann also beispielsweise 8.000 Kauf- oder Verkaufsoptionen für sehr umsatzstarke Aktien besitzen oder die gleiche Menge verkauft haben. Ein Anleger, der 4.000 Kaufoptionen einer solchen Aktie hält, darf hingegen nicht mehr als 4.000 Verkaufsoptionen veräußern, da sonst der Rahmen von 8.000 Kontrakten gesprengt würde. Denn hierbei liegen beide Positionen auf der gleichen Marktseite.

WIE DIE OPTION IN DER PRAXIS AUSGEÜBT WIRD   3.9.

Das Ausübungsrecht ist flexibel

Aus Spesengründen wird jeder Optionsbesitzer bestrebt sein, die Option am Sekundärmarkt glattzustellen und den Gewinn einzustreichen oder den Verlust zu realisieren. Schließlich ist jede Transaktion mit recht hohen Kosten verbunden. Doch einige Konstellationen können dazu führen, daß eine Ausübung vorteilhafter als die Glattstellung ist.

Liegt etwa am letzten Handelstag eine Kaufoption mit fünf Mark im Geld, ist aber nicht mehr verkäuflich, lohnt es sich für den Besitzer, die Aktien zum etwas niedrigeren Basispreis abzurufen, anstatt die Option verfallen zu lassen. Hat in den USA ein Optionshalter seine Option zum Ende der Laufzeit vergessen, wird die Option von der OCC automatisch ausgeübt, wenn sie 3/4 Dollar im Geld ist. Dieser automatische Ausübungsmechanismus soll sicherstellen, daß kein Anleger aus Unachtsamkeit Geld verliert.

Ein Investor muß allerdings nicht bis zum Auslauftermin warten, um etwa im Fall einer Kaufoption die Aktien zu beziehen. Weist die Option obendrein eine kräftige Zeitprämie auf, wäre es vorteilhafter, die Option am Sekundärmarkt zu verkaufen. Besitzt die Option jedoch ein Abgeld, das heißt, ist der Bezug der Aktien über die Ausübung der Option billiger als am Markt, wird die Ausnutzung der Kursdifferenz (Arbitrage) interessant. Hierzu ein Beispiel: Angenommen, die VW-Aktie notiert bei 450 Mark, während die Kaufoption April 400 Mark mit 40 Mark gehandelt wird. Obwohl die Option einen inneren Wert von 50 Mark hat, wird sie mit zehn Mark Abgeld, also zu billig, gehandelt. Ein Arbitrageur erkennt diese Differenz und nutzt die Situation wie folgt:

1. Er kauft die Kaufoption zu 40 Mark;
2. Er verkauft die VW-Aktie zu 450 Mark;
3. Er übt die Kaufoption zu 40 Mark aus.

An dem Leerverkauf verdient der Arbitrageur zunächst 50 Mark. Die Option kostet ihn 40 Mark, so daß ein Bruttogewinn von zehn Mark je Aktie übrigbleibt. Davon müssen freilich noch die Spesen abgezogen werden, die bei Börsenhändlern relativ gering sind, so daß sich das Arbitragegeschäft für Broker durchaus lohnt.

Sinkt die Optionsprämie aufgrund einer Dividendenausschüttung, könnte sich der Besitzer einer Kaufoption dazu entschließen, die Option in Erwartung des Kursrückgangs zu verkaufen. Handeln andere Marktteilnehmer ähnlich, sinkt die Prämie eventuell so stark, daß der Kontrakt mit einem Abschlag gegenüber der Aktie gehandelt wird. Dadurch werden erneut Arbitrageure angelockt.

Wenn der Besitzer einer Kaufoption nun sein Recht ausüben will, gibt er seiner Bank oder seinem Broker dazu den Auftrag. Die Bank benachrichtigt die Clearing-Stelle, die darauf aktiv wird und überprüft, welche Mitglieder die Kaufoptionen verkauft haben. Aus mehreren Mitgliedern, die in dieser Optionsserie short sind – also Stillhalter –, wird ein Mitglied nach dem Zufallsprinzip ausgewählt und über Anweisung benachrichtigt. Das Clearing-Mitglied muß die gewünschte Anzahl von Aktien zum Basispreis an die Bank des Optionsbesitzers liefern. Das ausgewählte Mitglied muß nun seinerseits dafür einen Kunden aussuchen, der solche Optionen verkauft hat, also darin short ist. Mögliche Auswahlkriterien sind

– der Zufall (Losverfahren) oder
– wer als erster verkauft hat, wird als erster angedient (first in, first out).

Lieferpflicht für den Verkäufer

Der angewiesene Kunde muß die Aktien auf jeden Fall liefern. Er kann
– die Aktien aus dem eigenen Bestand nehmen;
– die Aktien im Markt zum aktuellen Kurs kaufen und dann ausliefern oder
– die Aktien leerverkaufen, was jedoch nur in den USA und in der Schweiz möglich ist.

Rechnet der Schreiber (Verkäufer) einer Option damit, daß die Option ausgeübt wird, kann durch Glattstellung im Sekundärmarkt, also Kauf dieser Option, eine

Andienung vermieden werden. Dies muß jedoch stets vor der Benachrichtigung, der sogenannten Andienungsnotiz, geschehen.

Was bei der Auftragserteilung zu beachten ist

Für eine Order im Optionsmarkt sind folgende Informationen wichtig:
– Ist die Transaktion ein Kauf oder ein Verkauf?
– Handelt es sich um eine neue Position (offene Transaktion) oder um die Glattstellung einer bestehenden Position?
– Wie viele Optionskontrakte sollen ge- oder verkauft werden?
– Um welche Optionsserie mit welchem Basispreis und Laufzeit handelt es sich?
– Wieviel darf die Option kosten (limitierter Auftrag)?

4

Der amerikanische Optionsmarkt

VERSCHIEDENE OPTIONSBÖRSEN 4.1.

In den Vereinigten Staaten werden Optionen entweder im Freiverkehr oder an einem der fünf Börsenplätze gehandelt. Auf börsennotierte Optionen, auch gelistete Optionen genannt, entfallen etwa 95 Prozent aller Transaktionen. Die fünf Börsen heißen:

- American Stock Exchange (Amex)
- Chicago Board Options Exchange (CBOE)
- New York Stock Exchange (Nyse)
- Pacific Stock Exchange (PSE)
- Philadelphia Stock Exchange (PHLX).

Die CBOE ist die größte Optionsbörse. Hier wird im traditionellen Auktionsverfahren gehandelt, daß heißt: per Ausruf durch kaufende und verkaufende Broker. Organisiert wird der Handel über sogenannte Market-Maker, die während der Börsenzeit laufend An- und Verkaufskurse für die von ihnen betreuten Papiere stellen müssen.

OPTIONEN SIND GENORMT 4.2.

Basispreise für Aktienoptionen werden schematisch festgelegt. Notiert die zugrunde-liegende Aktie unter 100 Dollar, werden die Basispreise im Abstand von fünf Dollar

AMERIKANISCHE OPTIONSNOTIERUNGEN

INDEX OPTIONS

Quelle: Wall-Street Journal, 2.Sept.1988

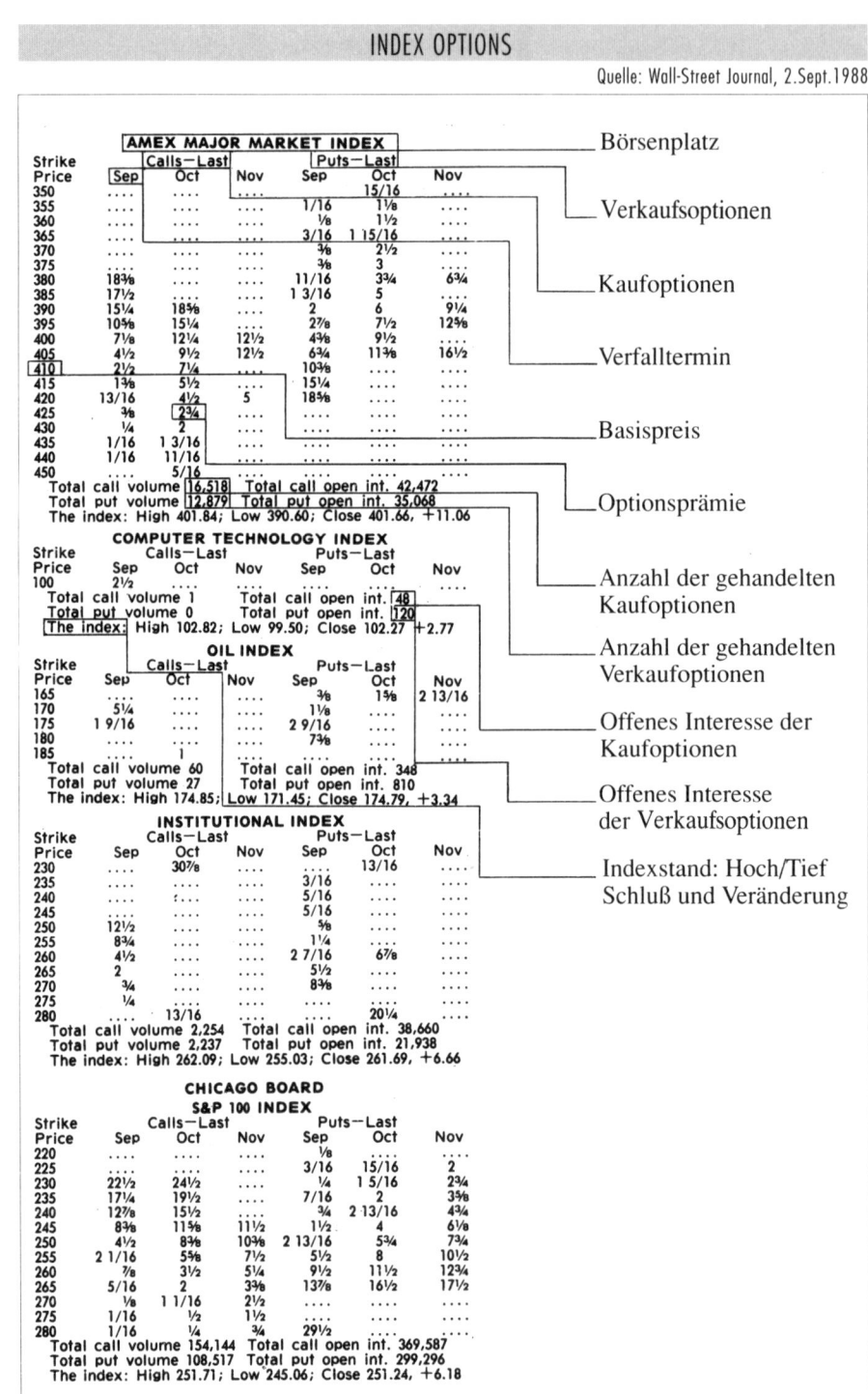

AMEX MAJOR MARKET INDEX

Strike Price	Calls—Last Sep	Calls—Last Oct	Calls—Last Nov	Puts—Last Sep	Puts—Last Oct	Puts—Last Nov
350	....	....	....		15/16	....
355	....	....	....	1/16	1⅛	....
360	....	....	....	⅛	1½	....
365	....	....	....	3/16	1 15/16	....
370	....	....	....	⅜	2½	....
375	....	....	....	⅜	3	....
380	18⅜	....	....	11/16	3¾	6¾
385	17½	....	....	1 3/16	5	....
390	15¼	18⅝	....	2	6	9¼
395	10⅝	15¼	....	2⅞	7½	12⅝
400	7⅛	12¼	12½	4⅜	9½	....
405	4½	9½	12½	6¾	11⅜	16½
410	2½	7¼	....	10⅜	....	....
415	1⅜	5½	....	15¼	....	....
420	13/16	4½	5	18⅝	....	....
425	⅜	2¾	....	....	....	....
430	¼	2	....	....	....	....
435	1/16	1 3/16	....	....	....	....
440	1/16	11/16	....	....	....	....
450	....	5/16	....	....	....	....

Total call volume 16,518 Total call open int. 42,472
Total put volume 12,879 Total put open int. 35,068
The index: High 401.84; Low 390.60; Close 401.66, +11.06

COMPUTER TECHNOLOGY INDEX

Strike Price	Calls—Last Sep	Calls—Last Oct	Calls—Last Nov	Puts—Last Sep	Puts—Last Oct	Puts—Last Nov
100	2½	....	....	....	....	....

Total call volume 1 Total call open int. 48
Total put volume 0 Total put open int. 120
The index: High 102.82; Low 99.50; Close 102.27 +2.77

OIL INDEX

Strike Price	Calls—Last Sep	Calls—Last Oct	Calls—Last Nov	Puts—Last Sep	Puts—Last Oct	Puts—Last Nov
165	....	....	....	⅜	1⅝	2 13/16
170	5¼	....	....	1⅛	....	....
175	1 9/16	....	....	2 9/16	....	....
180	....	....	....	7⅜	....	....
185	....	1	....	....	....	....

Total call volume 60 Total call open int. 348
Total put volume 27 Total put open int. 810
The index: High 174.85; Low 171.45; Close 174.79, +3.34

INSTITUTIONAL INDEX

Strike Price	Calls—Last Sep	Calls—Last Oct	Calls—Last Nov	Puts—Last Sep	Puts—Last Oct	Puts—Last Nov
230	....	30⅞	....	....	13/16	....
235	....	....	....	3/16	....	....
240	....	....	....	5/16	....	....
245	....	....	....	5/16	....	....
250	12½	....	....	⅝	....	....
255	8¾	....	....	1¼	....	....
260	4½	....	....	2 7/16	6⅞	....
265	2	....	....	5½	....	....
270	¾	....	....	8⅜	....	....
275	¼	....	....	....	....	....
280	....	13/16	....	....	20¼	....

Total call volume 2,254 Total call open int. 38,660
Total put volume 2,237 Total put open int. 21,938
The index: High 262.09; Low 255.03; Close 261.69, +6.66

CHICAGO BOARD
S&P 100 INDEX

Strike Price	Calls—Last Sep	Calls—Last Oct	Calls—Last Nov	Puts—Last Sep	Puts—Last Oct	Puts—Last Nov
220	....	....	....	⅛	....	....
225	....	....	....	3/16	15/16	2
230	22½	24½	....	¼	1 5/16	2¾
235	17¼	19½	....	7/16	2	3⅝
240	12⅞	15½	....	¾	2 13/16	4¾
245	8⅜	11⅝	11½	1½	4	6⅛
250	4½	8⅜	10⅜	2 13/16	5¾	7¾
255	2 1/16	5⅝	7½	5½	8	10½
260	⅞	3½	5¼	9½	11½	12¾
265	5/16	2	3⅜	13⅞	16½	17½
270	⅛	1 1/16	2½	....	....	....
275	1/16	½	1½	....	....	....
280	1/16	¼	¾	29½	....	....

Total call volume 154,144 Total call open int. 369,587
Total put volume 108,517 Total put open int. 299,296
The index: High 251.71; Low 245.06; Close 251.24, +6.18

Börsenplatz
Verkaufsoptionen
Kaufoptionen
Verfalltermin
Basispreis
Optionsprämie
Anzahl der gehandelten Kaufoptionen
Anzahl der gehandelten Verkaufoptionen
Offenes Interesse der Kaufoptionen
Offenes Interesse der Verkaufsoptionen
Indexstand: Hoch/Tief Schluß und Veränderung

festgelegt. Liegt die Notiz der Aktie darüber, beträgt der Abstand jeweils zehn Dollar. Kostet das Papier mehr als 200 Dollar, differieren die Basispreise um 20 Dollar. Notiert eine Aktie etwa bei 50 Dollar, ergeben sich daraus die Basispreise 45, 50 und 55. Für Werte, die unter 25 Dollar liegen, können auch schon einmal Ausübungspreise in Intervallen von 2,50 Dollar festgelegt werden. Diese Regeln sind in den USA aber nicht völlig starr. Vielmehr können die einzelnen Börsen die Intervalle nach eigenem Ermessen ändern, um die Nachfrage anzukurbeln oder die Liquidät zu erhöhen.

Auch die Laufzeit ist standardisiert. Letzter Handelstag für eine Option ist jeweils der dritte Freitag im Verfallmonat. Die Option verfällt am darauffolgenden Samstag. Der nächste Verfalltermin ist dann drei Monate später. Je nach zugrundeliegender Aktie und dem Börsenplatz gibt es unterschiedliche Verfall-Zyklen:

– Januar/April/Juli/Oktober;
– Februar/Mai/August/November und
– März/Juni/September/Dezember.

Jeder Zyklus umfaßt vier Fälligkeitstermine, die in einem Abstand von drei Monaten liegen. Der weiteste Termin kann nie mehr als neun Monate entfernt liegen, so daß pro Aktie stets nur drei der vier Verfallmonate gehandelt werden. Bei manchen sehr umsatzstarken Aktien wie beispielsweise International Business Machines (IBM) werden zusätzliche Optionskontrakte mit anderen Fälligkeiten eingeführt.

Will der Besitzer der Option sein Recht ausüben, muß er dies spätestens bis zum letzten Handelstag (Freitag, 17.30 Uhr New Yorker Zeit) tun.

SO LÄSST SICH KAUFEN ODER VERKAUFEN   4.3.

Ein Griff zum Telefon genügt, um dem Broker die Kauf- oder Verkaufsorder zu erteilen. Fast jedes US-Brokerhaus hat einen eigenen Platz an der Börse, in der es telefonisch oder per Computer erreicht werden kann. Der Broker leitet den Kundenauftrag an die Abteilung des Brokerhauses in der Börse weiter. Von dort aus wird die Order in den Handel gegeben und ausgeführt. Anschließend wird der Auftrag sofort telefonisch bestätigt, die schriftliche Bestätigung erfolgt am nächsten Tag.

Anstelle der telefonischen Weitergabe können Aufträge auch direkt per Computer an die Börse übermittelt werden. Die Order wird dann nicht von einem Börsenmakler entgegengenommen und ausgeführt, sondern über Computer abgewickelt. Solche Systeme, von Börse zu Börse unterschiedlich, wurden entwickelt, um eine schnellere Ausführung von kleineren Aufträgen zu ermöglichen. Die American Stock Exchange etwa führt mit ihrem Automatic Amex Options Switching System Optionsaufträge bis zu zehn Kontrakten aus und bestätigt sie innerhalb von 30 Sekunden.

Solange zwischen Broker und Kunde nichts anderes vereinbart wurde, gilt die Order einen Tag lang. Ist der Auftrag am Ende des Tages nicht ausgeführt, wird die Order dann storniert.

Während es hierzulande nur zwei Arten von Ordermöglichkeiten gibt – entweder „billigst" oder „bestens" zum gerade gültigen Börsenkurs oder „limitiert" mit einem Mindest- (Verkauf) oder Höchstkurs (Kauf) – gibt es jenseits des Atlantiks im Optionshandel mehrere Ordervarianten. Sehr wichtig ist die Stop-Order, die an der deutschen Börse nur bei einigen Standardwerten möglich ist. Hier gibt der Kunde einen Kurs vor, bei dessen Unter- oder Überschreiten die Order auf alle Fälle ausgeführt werden muß.

Ein Beispiel: Ein Anleger kauft die IBM-April-120-Kaufoption zu vier Dollar. Steigt die Aktie nun nicht wie erwartet, will der Investor den Verlust auf zwei Dollar begrenzen. Deshalb beauftragt er den Broker, einen Verkaufsstop bei zwei Dollar in den Markt zu legen. Fällt die Option tatsächlich auf zwei Dollar, wird sie automatisch beim nächsten Handel zum jeweiligen Preis verkauft. Dieser Preis kann sogar unter zwei Dollar liegen, denn nach Erreichen des Stopkurses ist aus der Stop-Order eine Market-Order geworden, die zu jedem Preis ausgeführt wird. In ruhigen Märkten ist es sehr wahrscheinlich, daß der Ausführungskurs nahe am Stopreis liegt. Doch bei hektischen Kursschwankungen können Stopaufträge zu wesentlich niedrigeren Preisen ausgeführt werden.

Bei der Sell-(Verkauf)-Stop-Order wird der Stopkurs unter den aktuellen Marktpreis gelegt, um entweder den Verlust einer Option zu beschränken oder um den bereits erzielten Gewinn einer Option zu sichern.

Auf der anderen Seite gibt es noch die Buy-Stop-Order, die zu einem Preis plaziert wird, der über dem augenblicklichen Marktwert der Option liegt. Sie dient dazu, den Verlust aus einer existierenden Short-Position zu begrenzen oder den darauf stehenden Gewinn zu sichern.

Die Stop-Limit-Order ist eine Variation der Stop-Order. Der Auftrag wird nur dann ausgeführt, wenn der Kurs den Stop erreicht und eine Ausführung zum vorgegebenen Limit möglich ist. Auch hier ist zwischen der Sell-(Verkauf)-Stop-Limit-Order und der Buy-(Kauf)-Stop-Limit-Order zu unterscheiden.

Ein Beispiel soll diese Auftragsvariante verdeutlichen. Angenommen, ein Anleger kauft eine IBM-April-120-Kaufoption zu vier Dollar. Die Option steigt im Zuge einer freundlichen Börsenentwicklung auf acht Dollar. Um den Gewinn zu sichern, erteilt der Anleger eine Sell-Stop-Order zu sieben Dollar Stop-Limit. Fällt der Kurs nun auf sieben Dollar, wird aus dem Stop-Auftrag eine Limit-Order zu sieben Dollar. Ein Verkauf ist demnach nur zu diesem Limit oder einem höheren Preis möglich. Fällt der Optionspreis dagegen unter sieben Dollar und erreicht dieses Niveau nicht mehr, bleibt der Auftrag unausgeführt. Die Gefahr bei diesem Ordertyp besteht somit darin, daß bei kräftigen Gegenbewegungen der Verlust deshalb nicht begrenzt werden kann, weil es zu keiner Ausführung kommt.

Die Market-not-held-Order gibt dem Floor-Broker, also dem Börsenmakler auf dem Parkett, die Möglichkeit, die Order nach eigenem Ermessen auszuführen. Beispiel: Ein Floor-Broker erhält den Auftrag zum Kauf von zehn Ford-Mai-45-Kaufoptionen mit dem

Zusatz „not held". Die Option kostet dann vier Dollar. Der Broker glaubt, daß die Prämie fallen wird und er somit die Option billiger für den Kunden kaufen kann. Deshalb wartet er so lange, bis der Preis auf 3 1/2 Dollar gerutscht ist und kauft dann. War seine Einschätzung jedoch falsch – die Optionsprämie steigt –, kann er die Option auch zu höheren Kursen erwerben, ohne dafür zur Kasse gebeten zu werden. An den deutschen Börsen ist diese Variante mit einem interessewahrenden Auftrag zu vergleichen.

Bei der All-or-none-Order, zu deutsch: dem Alles-oder-nichts-Auftrag, will der Kunde entweder alle gewünschten Optionen oder gar keine kaufen, eine teilweise Ausführung wird somit ausgeschlossen. Zudem verlangt der Kunde mit dieser Ordervariante, daß alle Kontrakte zur gleichen Zeit gekauft oder veräußert werden. Aus Spesengründen ist das manchmal vorteilhaft. Fehlt dieser Zusatz beim Auftrag, muß immer eine Teilausführung hingenommen werden.

Eine Variante der All-or-none-Order ist die Fill-or-kill-Order. Nur muß dieser Auftrag sofort auf dem Börsenparkett ausgeführt werden; sonst erfolgt eine Stornierung. Auch hier ist der Broker zu einer kompletten Ausführung verpflichtet, eine Teilausführung wird nicht akzeptiert.

Die Immediate-or-cancel-Order ist eine Mischung aus Fill-or-kill und All-or-none-Order. Der Kunde möchte eine sofortige Ausführung seines Auftrages, akzeptiert aber jede Teilausführung, während der verbleibende Rest storniert wird. Beispiel: Ein Broker erhält den Auftrag zum Kauf von 10 Ford-April-50-Kaufoptionen „Immediate-or-Cancel". Da nur sechs dieser Optionen zum vorgegebenen Preis von vier Dollar gekauft werden können, werden die restlichen vier Kaufoptionen storniert.

BESONDERHEITEN DES BRITISCHEN OPTIONSMARKTES 4.4.

Der Optionshandel in London für Aktien und auf den Financial-Times-100-Share-Index ist in zwei Gruppen eingeteilt.

Der aktivste und liquideste Optionsmarkt ist der London Traded Options Market (LTOM). Seit 1987 hat er ein monatliches Umsatzvolumen von mehr als einer Million Kontrakten. Teilnehmer sind zu 70 Prozent Institutionen und zu 30 Prozent Privatkunden. Der Schwerpunkt der Umsätze liegt bei Indexoptionen. Derzeit sind 61 Aktien optionsfähig; es werden allerdings ständig neue Aktienoptionen eingeführt.

Beim Optionsschreiben muß eine Sicherheitsleistung im London's Options Clearing House (LOCH) hinterlegt werden. Ein Kunde muß vor Geschäftsaufnahme seinem Broker eine Autorisierung für Optionsgeschäfte, einen sogenannten Letter of Authority, unterzeichnen. Zusätzlich werden schriftlich sein Einverständnis (Customer Agreement Letter) und eine Risikoaufklärung (Risk Disclosure) verlangt.
Gehandelt wird von 9.05 bis 16.05 Uhr Londoner Zeit. Eine Option gilt im Gegensatz zu den USA für 1.000 Aktien. Dies rührt daher, daß der Durchschnittspreis englischer Aktien

BRITISCHE OPTIONSNOTIERUNGEN

Quelle: Financial Tmes, 3. August 1989

Option	CALLS Oct	Jan	Apr	PUTS Oct	Jan	Apr
Alld Lyons 500	37	57	76	6	17	22
(*526) 550	11	29	46	30	40	44
Brit. Airways 180	35	39	46	½	1½	3
(*213) 200	18	23	31	2	6	7½
220	5	12	19	10	15	17
Brit Com 140	24	28	35	3	7	9
(*158) 160	9	17	24	10	16	20
180	3	8	15	25	30	32
Smithk Bchm 550	–	–	78	–	–	19
(*577) 600	9	31	49	28	35	40
650	2	14	29	75	75	77
Boots 260	32	40	50	1½	4½	6
(*286) 280	16	26	35	5	12	15
300	7	16	25	17	22	24
B.P. 280	31½	39	45	½	3½	6
(*308) 300	16	25	30	2½	9	10½
330	3	9½	17	23	24	26
British Steel 135	7	11	14½	2	4½	5
(*139) 145	2	7½	9½	7	9½	10
Bass 1050	37	67	100	25	47	55
(*1054) 1100	15	42	75	55	75	88
1150	5	25	55	103	115	118
C & Wire 500	79	100	120	2½	11	17
(*570) 550	37	67	88	13	27	33
600	16	40	62	40	51	58
Cons. Gold 1350	130	–	–	2	2	–
(*1418) 1400	80		–	2	3	–
1450	30	35	–	5	7	–
Courtaulds 360	30	42	58	2	8	10
(*385) 390	10	23	37	13	18	21
420	3	12	23	37	38	40
Com. Union 390	60	74	82	1	3	7
(*443) 420	30	49	57	2	9	18
460	8	25	31	20	26	34
G.K.N. 420	39	55	64	2	10	17
(*449) 460	12	29	38	18	25	35
Grand Met. 550	56	83	95	3	11	17
(*597) 600	21	50	63	18	27	37
I.C.I. 1250	59	110	132	18	35	48
(*1278) 1300	27	80	102	38	52	69
1350	12	54	78	77	80	97
Jaguar 500	87	112	129	6	17	27
(*576) 550	47	82	97	17	33	40
600	22	53	75	39	53	67
Kingfisher 330	22	37	51	5	11	14
(*345) 360	6	22	33	20	23	26
Ladbroke 330	–	–	41	–	–	17
(*337) 360	5½	15	24	25	30	33

Verkaufsoptionen

Kaufoptionen

Verfalltermin

Basispreis

Schlußkurs der Aktie

Optionsprämie für einen Call (für 1000 Aktien)

Optionsprämie für einen Put (für 1000 Aktien)

46

unter fünf Pfund Sterling liegt. Es gibt drei Verfallzyklen:

Januar/April/Juli/Oktober.

Februar/Mai/August/November.

März/Juni/September/Dezember.

Die maximale Laufzeit der Optionen beträgt neun Monate. Die Intervalle für die Basispreise liegen bei Aktien mit Kursen zwischen 500 und 1.000 Pence bei 50 Pence. Sind die Aktien teurer, gibt es alle 100 Pence eine Option auf diese Aktie.

Will ein Kunde die Aktien des Kontrakts beziehen, muß er seinem Broker einen Ausübungsauftrag erteilen. Schreiber von Optionen müssen eine Sicherheitsleistung von 20 Prozent als Barmittel des Kontrakts hinterlegen, wenn sie die zugrundeliegenden Aktien nicht besitzen. Bestimmte Wertpapiere wie britische Staatsanleihen werden auch akzeptiert. Das Prinzip des Handels und die Ordertechniken entsprechen dem amerikanischen System.

Handel auf den Financial-Times-Securities-Exchange-100-Index (Footsie)

Bei dieser Option setzt der Anleger auf den Gesamtmarkt. Die Basispreise des Footsie, dem 100 Aktien zugrunde liegen, werden in Intervallen von 25 Punkten angesetzt. Der Handelszyklus von maximal neun Monaten enthält die Monate März, Juni, September und Dezember. Verfalltag ist der letzte Geschäftstag des Kontraktmonats. Der Multiplikator der Optionsprämie beträgt zehn Pfund Sterling, da der Kontraktwert in Pfund Sterling das Zehnfache des Indexwertes ist. Notiert eine Kaufoption beispielsweise bei 35 Pence, sind 350 Pfund zu entrichten. Steht der FT-SE-100-Index bei 2.120 und besitzt der Anleger die Kaufoption mit der Basis 2.050, beträgt der Wert 700 Pfund (zehn Pfund multipliziert mit dem Indexwert abzüglich des Ausübungswertes).

Im Gegensatz zu Aktienoptionen werden Indexoptionen in cash abgerechnet; die Differenz wird also bar überwiesen. Die Sicherheitsleistung für geschriebene Indexoptionen beträgt 12 1/2 Prozent des Indexwertes, zu- oder abzüglich des Betrages, mit dem die Option in oder aus dem Geld ist. Die Sicherheitsmarge wird täglich neu ausgerechnet. An der Liffe werden der FT-SE-100 und Optionen auf ihn auch als Terminkontrakt gehandelt.

Optionsgeschäft auf Aktien

Außer den standardisierten Optionen gibt es nach wie vor mit individuell ausgehandelten Optionen auf Aktien einen regen Handel. Theoretisch sind auf fast jede Aktie Optionen möglich, sofern der Broker Geschäftspartner für die Gegenseite findet. Üblich sind Laufzeiten von drei bis neun Monaten. Optionsprämien des traditionellen Handels werden in der Finanzpresse gesondert veröffentlicht.

Options-
strategien

In diesem Kapitel sollen die Einsatzmöglichkeiten von Aktienoptionen aufgezeigt werden. Den Anfang macht das kleine Einmal-eins der Kauf- und Verkaufsoptionen. Die anschließend vorgestellten Strategien für Fortgeschrittene werden durch viele Beispiele und grafische Darstellungen veranschaulicht. Dabei gilt es bei jeder Variante, drei Fragen zu beantworten:

1. Wieviel kann der Anleger unter günstigsten Bedingungen verdienen, wie hoch ist also der maximal mögliche Gewinn?

2. Was kann schlimmstenfalls passieren; wie hoch ist das größtmögliche Risiko?

3. Ab wann lohnt sich für den Investor dieses Optionsgeschäft, bei welchem Aktienkurs liegt also die Gewinnschwelle (Break-even-Punkt)?

Aus Gründen der Vereinfachung werden Transaktionskosten (Kommission, Provision, Gebühren) nicht berücksichtigt, obwohl sie bei der Endabrechnung sicherlich eine Rolle spielen. Hierzulande kalkulieren die Kreditinstitute noch, welche Gebühren sie den Kunden in Rechnung stellen können. Abzudecken sind nicht nur die laufenden Kosten für die Teilnahme am Handel an der DTB, denn umfangreiche Kosten fallen den Banken schon allein durch die Aufnahmegebühr an der DTB an.

Nach Lektüre dieses Kapitels sollte der Leser in der Lage sein, die vielfältigen Einsatzmöglichkeiten von Optionen beurteilen und für sich nutzen zu können. Welche der vorgestellten Strategien später in der Praxis eingesetzt wird, hängt freilich vom Anleger selbst ab: Ob er eher mutig spekulieren oder seine Wertpapierbestände gegen Kursschwankungen absichern will. Ebenso wichtig ist die Liquidität der Märkte. Kann der Anleger die Größenordnungen zu marktnahen Bedingungen realisieren, oder läßt das gehandelte Optionsvolumen der ausgesuchten Aktien dies nicht zu.

KAUF EINER KAUFOPTION

Der Käufer einer Kaufoption (Call) erwirbt das Recht, innerhalb der Laufzeit der Option eine bestimmte Anzahl von Aktien zum Basispreis zu erwerben. Dafür zahlt er an den Verkäufer eine Prämie.

In der Regel verfolgt der Käufer einer Kaufoption folgende Ziele:
– Durch den geringeren Kapitaleinsatz kann ein relativ höherer Ertrag als beim Kauf der Aktie erzielt werden, der sogenannte Hebeleffekt.
– Der Zeitpunkt des Kaufs einer Aktie soll verlagert werden.
– Das Wertpapierdepot soll diversifiziert werden.
– Vorgenommene Leerverkäufe sollen abgesichert werden.

Verglichen mit dem Kauf von Aktien liegt der Reiz der Kaufoption in der enormen Hebelwirkung, auch Leverage-Effekt genannt. Mit einem relativ geringen Kapitaleinsatz kann der Spekulant selbst bei nur kleinen Kursbewegungen der Aktie sehr hohe prozentuale Gewinne realisieren. Das Risiko ist dabei auf die gezahlte Prämie beschränkt. Hierzu ein Beispiel: Ein Anleger rechnet bei der Siemens-Aktie in den nächsten Monaten mit einer starken Aufwärtsbewegung. Während das Papier bei 640 Mark notiert, kostet die April-650-Kaufoption 15 Mark. Kauft der Anleger nun zehn Optionen, muß er dafür pro Option 750 Mark (50 multipliziert mit 15) und insgesamt 7.500 Mark aufbringen. Klettert die Siemens-Aktie bis April nun auf 680 Mark, ist die Kaufoption ohne Zeitprämie 30 Mark wert. Der Anleger erzielt einen Verkaufspreis seiner zehn Optionen von 15.000 Mark und hat seinen Einsatz verdoppelt. Der Inhaber von Siemens-Aktien verdiente zwar 40 Mark pro Aktie, bezogen auf seinen Einsatz erzielte er jedoch nur einen Gewinn von gut sieben Prozent.

Geht die Rechnung nicht auf – der Aktienkurs fällt – , ist das Risiko auf 7.500 Mark begrenzt. Der Verlust beträgt dabei freilich 100 Prozent. Die Inhaber von Siemens-Aktien erleiden zwar ebenfalls Einbußen. Doch stehen sie nicht unter zeitlichem Druck, den Verlust realisieren zu müssen, sondern können auf bessere Zeiten warten.

Die nachstehende Tabelle verdeutlicht am Verfalltag mögliche Gewinne oder Verluste einer Siemens-Kaufoption mit dem Basispreis 650 Mark und der Laufzeit bis April 1990 bei unterschiedlichen Aktienkursen. Die Kaufoption kostete 15 Mark.

Dieser Zusammenhang soll auch grafisch dargestellt werden. Die vertikale

KAUF EINER KAUFOPTION

Tabelle 1 zu 5.1

Siemens-Kurs am Verfalltag	Preis der Kaufoption	Gewinn/Verlust des Optionskäufers	
in Mark	in Mark	in Mark	in Prozent
600	0	– 750	– 100
625	0	– 750	– 100
650	0	– 750	– 100
665	15	0	0
670	20	+ 250	+ 33
675	25	+ 500	+ 66
680	30	+ 750	+ 100
700	50	+1750	+ 233

Achse zeigt den Gewinn oder Verlust, auf der horizontalen Linie stehen die möglichen Aktienkurse am Verfalltermin.

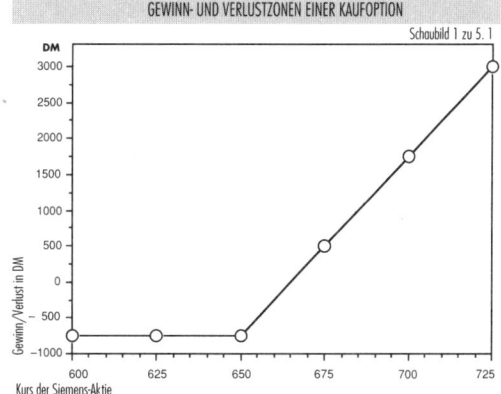

Beim Kauf eines Calls ist demnach
– der maximal mögliche Gewinn unbegrenzt;
– der Verlust beschränkt auf die gezahlte Optionsprämie;
– die Gewinnschwelle beim Basispreis plus Optionsprämie.

Bei der Auswahl von Optionen kann der Anleger den Grad seiner Spekulation selbst bestimmen, indem er den Basispreis und die Verfalltermine variiert.

Grundsätzlich gilt:
– Je weiter der Basispreis vom Börsenkurs entfernt ist, das heißt, je weiter sich die Option aus dem Geld befindet, um so größer ist das Risiko.
– Je näher der Verfalltermin liegt, um so größer ist das zeitliche Risiko.

Ein höheres Risiko wird an der Börse in der Regel auch mit höheren Gewinnchancen belohnt. Durch die Wahl eines hohen Basispreises kann der Hebeleffekt bei Kaufoptionen noch verstärkt werden.

Beispiel: Ein Anleger erwartet eine starke Aufwärtsbewegung der Daimler-Aktie und möchte deshalb zehn Daimler-Kaufoptionen erwerben, die im April fällig werden. Offen ist aber noch die Höhe des Basispreises. Der Automobiltitel soll bei 750 Mark notieren, so daß als mögliche Basispreise 700, 750 und 800 Mark in Frage kommen. Entsprechend unterschiedlich sind die jeweiligen Optionsprämien: Der Daimler-Call-700 kostet 75 Mark, für die am Geld stehende Option mit Basis 750 Mark zahlt der Investor 30 Mark, und die Prämie für die aus dem Geld stehende 800-Kaufoption beträgt zehn Mark. Je nachdem mit welcher Kurssteigerung der Daimler-Investor rechnet, wird die Entscheidung für einen der drei Basispreise fallen.

Unabhängig davon, welcher Basispreis gewählt wird, soll die Gewinnsituation beleuchtet werden, wenn die Daimler-Aktie im April 1990 auf 850 Mark gestiegen ist.

Aus der Aufstellung ist ersichtlich, daß der auf den jeweiligen Kapitaleinsatz bezogene Gewinn am höchsten ist, wenn die Option gekauft wurde, die am weitesten aus dem Geld ist. Den geringsten prozentualen Erfolg wirft die Kaufoption mit dem Basispreis von 700 Mark ab. Denn hier ist die Wahrscheinlichkeit am geringsten, daß die Option am Verfallter-

HEBELEFFEKT BEI KAUFOPTIONEN

Tabelle 2 zu 5.1

Basispreis	Kaufpreis der Option	Preis der Option am Verfalltermin	Ergebnis	
	in Mark		in Mark	in Prozent
700	75	150	+ 3750	+ 100
750	30	100	+ 3500	+ 233
800	10	50	+ 2000	+ 400

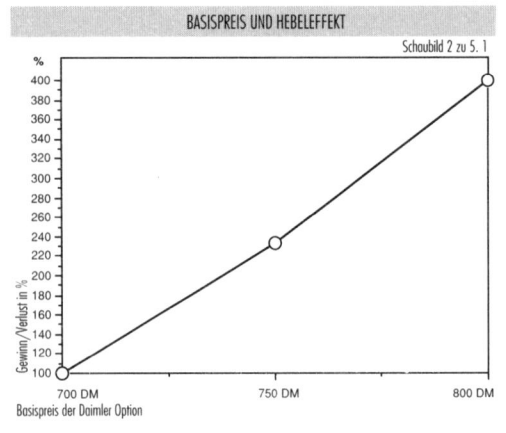

BASISPREIS UND HEBELEFFEKT

Schaubild 2 zu 5. 1

Gewinn/Verlust in %

700 DM   750 DM   800 DM
Basispreis der Daimler Option

min wertlos ist. Daher ist die Prämie hier am höchsten. Diese Konstellation wird im folgenden Schaubild noch einmal dargestellt.

Ein ähnliches Preisgefüge ist bei den Verfallterminen zu beobachten. Liegt der Kurs der Aktie nahe am Basispreis, wird eine Option mit einer nur noch kurzen Restlaufzeit der Kursbewegung der zugrundeliegenden Aktie eng folgen und den größten Gewinn bei höchstem Risiko ermöglichen. Eine Kaufoption mit einem entfernteren Verfalltermin enthält ein geringeres Risiko und wird deshalb mit einer höheren Zeitprämie bezahlt, so daß die Gewinnchancen niedriger sind.

Beispiel: Ein Anleger glaubt an einen raschen Anstieg der Bayer-Aktie und möchte durch den Erwerb von zehn Kaufoptionen mit dem Basispreis 300 davon profitieren, kann sich aber nicht für den Verfalltermin entscheiden. Im Oktober 1989 notiert Bayer bei 290 Mark. Folgende Optionen mit dem Basispreis von 300 Mark stehen zur Auswahl: Der im Januar fällige Call kostet zehn Mark, der April-Termin 25 Mark, und für die noch neun Monate laufende Juli-Option muß der Anleger 35 Mark zahlen.

Erweist sich die Erwartung als richtig, und klettert der Bayer-Kurs schon innerhalb von zwei Wochen auf 330 Mark, soll sich folgende Bilanz für den Investor ergeben:

OPTIONSPREIS UND VERFALLZEIT

Tabelle 3 zu 5. 1

Verfallmonat	Kaufpreis der Kaufoption	Preis nach zwei Wochen	Gewinn	
	in Mark		in Mark	in Prozent*
Januar	10	50	2000	400
April	25	65	2000	160
Juli	35	75	2000	114,3
*bezogen auf den Kapitaleinsatz				

Die Optionen mit weiter entfernten Terminen zeigen zwar den gleichen absoluten Zuwachs auf, liegen im prozentualen Vergleich jedoch zurück. Hätte der Anleger den Juli-Call gewählt, wären die zehn Kaufoptionen insgesamt 37.500 Mark wert bei einem Einsatz von 17.500 Mark. Das entspräche einer stolzen Verzinsung von 114 Prozent.

Auch aus dem Schaubild wird erkennbar, daß der auf den Einsatz bezogene größte Gewinn mit dem nächstliegenden Verfalltermin erzielt werden konnte.

Beide Beispiele zeigen, wie stark der Erfolg einer Kaufoption von der richtigen Wahl des Basispreises und der Laufzeit abhängt. Konservative Anleger entscheiden sich für den Kauf einer Option, die im Geld liegt und noch eine lange Restlaufzeit aufweist. Eine sehr spekulative Variante ist der Kauf einer Option, die weit aus dem Geld ist und eine kurze Restlaufzeit besitzt. Hier schlägt die Hebelwirkung besonders stark durch, da die Optionsprämien sehr niedrig sind.

Will ein Investor eine bestimmte Aktie kaufen, verfügt aber noch nicht über das notwendige Kapital, kann er sich mittels Kaufoption den aktuellen Börsenkurs frühzeitig sichern. Beispiel: Der Anleger kann in drei Monaten aus einer Festgeldanlage über 25.000 Mark verfügen. Eine aussichtsreiche Aktie ist seiner Meinung nach heute stark unterbewertet. Um den Zug nicht zu verpassen, kauft der Anleger Kaufoptionen dieser Aktie und wendet dafür relativ wenig Mittel auf. Bei Fälligkeit des Festgeldes kann die Option ausgeübt werden.

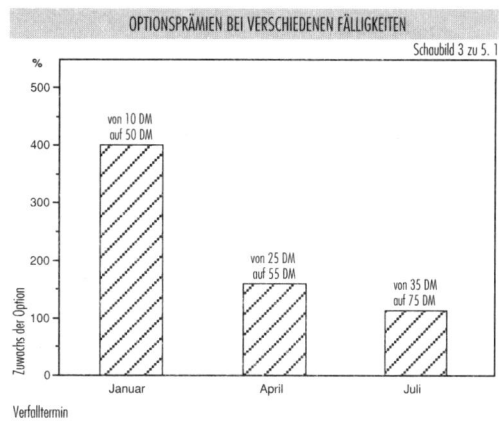

Stehen einem Anleger nur geringe finanzielle Mittel zur Verfügung, um am Aktienmarkt zu spekulieren, kann er nur auf wenige Aktien setzen. Dabei besteht die Gefahr, daß sich ausgerechnet die gekauften Papiere als Flops erweisen. Durch den relativ niedrigen Kapitaleinsatz bei Optionen ist jedoch auch mit wenig Geld eine breite Streuung der Aktien möglich. Freilich darf das Risiko eines Totalverlustes, des Prämieneinsatzes, nicht übersehen werden, wenn die Erwartungen von der Börse nicht erfüllt werden.

Der Erwerb von Kaufoptionen bietet auch einen wirksamen Schutz vor unerwarteten Gegenbewegungen leerverkaufter Aktien. Hierzulande ist der Leerverkauf nicht erlaubt, während in der Schweiz deutsche Aktien durchaus leerverkauft werden können. Von dieser Möglichkeit machen heimische Investoren jedoch nur wenig Gebrauch.

Bei einem Leerverkauf wird eine Aktie veräußert, ohne daß der Verkäufer das Papier bei Abschluß des Geschäftes besitzt. Innerhalb einer bestimmten Frist – zwei bis sieben Tage bei Kassageschäften oder mehrere Monate bei Termingeschäften – muß der Leerverkäufer die vereinbarte Zahl von Aktien zum ausgehandelten Preis andienen. Bis zur Fälligkeit müssen die veräußerten Papiere gekauft werden.

Vor allem in den USA ist der Leerverkauf (Short Sale) eine bekannte und beliebte Börsenstrategie, die sowohl von Institutionen als auch von Privatanlegern eingesetzt wird. Technisch ist ein Verkauf von Aktien, die man nicht besitzt, dadurch möglich, daß eine Bank oder ein Broker in die Bresche springt und dem Anleger die Papiere leiht. Kauft der Leerverkäufer die Aktien zu einem späteren Zeitpunkt zurück, erhält die Bank oder der Broker die geliehenen Stücke wieder zurück. Auf diese Weise ist es möglich, à la baisse zu spekulieren und auch an fallenden Kursen zu verdienen. Die Aktien werden von einem Baissier in der Hoffnung verkauft, sie bei einem viel niedrigeren Kursniveau wieder einzukaufen. Die Differenz zwischen dem Verkaufserlös und den Eindeckungskosten stellt den Gewinn dar. Erweist sich die Spekulation als falsch, und steigt der Aktienkurs steil nach oben, fallen empfindliche Verluste an.

Aufgrund des hohen Risikos sind bei Leerverkäufen einige wichtige Punkte zu beachten:

– Leerverkäufe werden bei Brokerhäusern nur auf Kreditkonten, sogenannten

Margin Accounts, zugelassen und unterliegen einer besonderen Kontrolle von Börsen und Wertpapierhäusern.

– Für rund die Hälfte des Kurswertes der leerverkauften Aktien muß der Anleger Sicherheiten leisten.

– An US-Börsen ist ein Leerverkauf nur dann zulässig, wenn der Aktienkurs vorher gestiegen ist. Diese Bedingung wird auch als Plus-Tick- oder Zero-Plus-Tick-Regel bezeichnet. Der praktische Sinn dieser Regel besteht darin, daß fallende Kurse nicht durch Leerverkäufe verstärkt werden sollen. Damit diese Regel eingehalten wird, müssen Leerverkäufe auf dem Auftragszettel entsprechend gekennzeichnet sein.

Da das Risiko bei Leerverkäufen theoretisch unendlich hoch ist, bieten Kaufoptionen eine gute Absicherung gegen konträre Kursbewegungen. Je nach der gewünschten Risikobegrenzung können Optionen gekauft werden, die im, am oder weit aus dem Geld liegen. Danach richten sich auch die Kosten der Absicherung, also die Prämie für die jeweilige Option.

Beispiel: Die IBM-Aktie kostet 110 Dollar, und die Kaufoption-April-110 notiert bei sechs Dollar. Ein Anleger erwartet einen starken Kursrückgang von IBM und verkauft 1.000 Papiere leer, um dafür 110.000 Dollar zu erhalten. Um das Risiko eines Kursanstieges zu begrenzen, kauft er gleichzeitig zehn Kaufoptionen April 110. Klettert IBM bis April wider Erwarten auf 120 Dollar, übt der Anleger seine Kaufoption aus und deckt damit seinen Leerverkauf ab. Der Verlust aus dem Leerverkauf in Höhe von zehn Dollar (110 minus 120) pro Aktie wird durch den Gewinn aus den gekauften Kaufoptionen ausgeglichen. Negativ zu Buche steht zum Teil die gezahlte Prämie für die Kaufoption von sechs Dollar, so daß sich insgesamt ein Verlust von 6.000 Dollar ergibt. Geht die Erwartung auf, und der IBM-Kurs fällt auf 90 Dollar, entsteht aus dem Leerverkauf ein Gewinn pro Aktie von 20 Dollar (110 minus 90), insgesamt also 20.000 Dollar. Da die Kaufoption jedoch wertlos geworden ist, fällt ein Verlust von 6.000 Dollar an, so daß unter dem Strich ein Profit von 14.000 Dollar übrig bleibt.

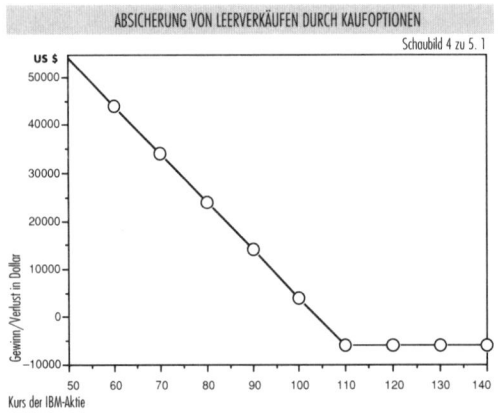

ABSICHERUNG VON LEERVERKÄUFEN DURCH KAUFOPTIONEN
Schaubild 4 zu 5. 1

Wie wirksam das Sicherheitsnetz Kaufoptionen bei Leerverkäufen ist, zeigt das nächste Schaubild.

Aus der beschriebenen Strategie können folgende Eckdaten abgeleitet werden:

– Der maximale Verlust errechnet sich aus:

Basispreis der Option + Prämie der Kaufoption – Leerverkaufskurs
(Im Beispiel: 110 + 6 – 110 = 6 Dollar je Aktie)

– Der höchstmögliche Gewinn, der sich ergibt, wenn die Aktie wertlos wird, lautet:

Leerverkaufskurs – Optionsprämie (110 – 6 = 104 Dollar je Aktie)

– Die Gewinnschwelle liegt bei:

Leerverkaufskurs – Optionsprämie (110 – 6 = 104 Dollar)

Wählt der Anleger eine Option, die nicht am – wie im obigen Beispiel –, sondern weit aus dem Geld liegt, werden zwar die Kosten für die Absicherung geringer. Doch steigt gleichzeitig das Risiko und damit auch der maximal mögliche Verlust.

VERKAUF EINER KAUFOPTION 5.2.

Der Verkäufer (Schreiber, Stillhalter) einer Kaufoption verpflichtet sich, eine festgelegte Anzahl bestimmter Aktien zum Basispreis zu liefern, wenn die Option vom Halter ausgeübt wird. Diese Verpflichtung gilt nur für die Laufzeit der Option. Er erhält dafür eine Prämie.

Das Schreiben von Kaufoptionen kann zu den konservativsten, gleichzeitig aber auch zu den spekulativsten Optionsstrategien gehören, je nachdem, in welcher Form und in welchem Zusammenhang sie eingesetzt werden. Drei Gründe sprechen für Verkauf einer Kaufoption:

– Zusätzliche Einnahmen aus Aktienbeständen;

– Absicherung gegen Aktienkursverluste, das sogenannte Hedging;

– Spekulation auf mögliche Gewinne.

Für die beiden ersten Strategien muß der Verkäufer eines Call die entsprechenden Aktien besitzen, weshalb hier auch vom gedeckten Schreiben gesprochen wird. Ist der Verkäufer nicht im Besitz der verkauften Aktien, sprechen Börsenprofis vom ungedeckten oder nackten Schreiben. Diese hochspekulative Strategie kommt nur für sehr finanzstarke Anleger in Frage, da das damit verbundene Risiko enorm ist.

Zusätzliche Einnahmen aus Aktienbeständen

Das Motiv, bei bestehenden Aktienbeständen zusätzliche Einkünfte zu erzielen, wird am besten durch ein Beispiel verdeutlicht: Ein Anleger besitzt 1.000 Bayer-Aktien, auf die eine jährliche Dividende von jeweils zwölf Mark gezahlt wird. Da der Anleger nicht mit kräftigen Kurssteigerungen der Bayer-Aktie rechnet, will er durch den Verkauf von Kaufoptionen die Rendite erhöhen. Der Anleger schreibt deshalb 20 Bayer-April-300-Kaufoptionen und erhält dafür 20 Mark Prämie. Das macht, da hierzulande Optionskontrakte stets 50 Aktien umfassen, pro Kontrakt 1.000 Mark, bei 20 Optionen somit 20.000 Mark aus. Bis zum Ende der Laufzeit der geschriebenen Kaufoptionen soll folgende Entwicklung unterstellt werden:

Zwei Monate vor Fälligkeit steigt die Bayer-Aktie von 300 auf 310 Mark. Die Kaufoption notiert bei 25 Mark. Sie weist damit einen inneren Wert von zehn Mark und eine Zeitprämie von 15 Mark auf. Aufgrund des hohen Zeitwertes wird der Besitzer der Kaufoptionen sein Recht zum Bezug der Bayer-Aktien noch nicht ausüben. Schließlich würde er beim Verkauf der Option einen höheren Gewinn erzielen.

Vier Wochen vor Beendigung der Laufzeit ist der Bayer-Kurs auf 295 Mark gefallen. Die Option kostet jetzt fünf Mark und besitzt nur noch einen reinen Zeitwert. Für den Verkäufer der Kaufoption besteht nun die Möglichkeit, die Optionen zu fünf Mark zurückzukaufen, um damit einen Gesamtgewinn pro Aktie von 15 Mark sicherzustellen. Gleichzeitig wäre durch den Rückkauf die Lieferverpflichtung aufgehoben.

Bleibt der Bayer-Kurs bis zur Fälligkeit unter dem Basispreis von 300 Mark, verfallen die Kaufoptionen sowie die damit verbundene Lieferpflicht. Bei einem Kurs von 290 Mark hat der Anleger zwar mit seinen Aktien einen Verlust von jeweils zehn Mark erlitten. Durch das Schreiben der Kaufoptionen erhielt er jedoch zusätzlich 20 Mark, so daß der Anleger insgesamt seine Einnahmen um zehn Mark je Aktie erhöht hat und sich über ein Zubrot von 10.000 Mark freuen kann.

Absicherung gegen Verluste

Der Verkauf von Kaufoptionen eignet sich auch, um Wertpapierbestände abzusichern (hedgen). Angenommen, ein Anleger besitzt 1.000 Bayer-Aktien, die bei 300 Mark notieren. Aufgrund der allgemeinen Börsensituation rechnet er mit fallenden Kursen. Weil er die anstehende Dividende kassieren möchte, will sich der Anleger von seinen Bayer-Papieren nicht trennen. Alternativ entschließt sich der Anleger zum Verkauf von 20 Kaufoptionen-Juli-300 zum Preis von 30 Mark. Die Restlaufzeit soll sechs Monate betragen. In den nachfolgenden Monaten nimmt der Bayer-Kurs folgenden Verlauf:

Bis Ende April fällt Bayer auf 280 Mark, die Option rutscht auf zehn Mark. Bei einem Rückkauf der Option würde der Anleger 20 Mark Gewinn (30 Mark erzielte Prämie abzüglich zehn Mark Rückkaufpreis) sicherstellen. Per saldo hat er dabei nichts verloren, da die Verluste aus dem Aktiendepot durch die Gewinne aus der Option ausgeglichen werden.

Im Mai notiert die Bayer-Aktie nur noch bei 270 Mark, die Kaufoptionen kosten nur noch zwei Mark. Der Rückgang der Optionsprämie reflektiert den Kursverfall der Aktie und den abnehmenden Zeitwert, nachdem schon vier Monate vergangen sind. Da der Anleger nun damit rechnet, daß die Abwärtsbewegung beendet ist und der Markt vor einer Aufwärtsbewegung steht, kauft er die Kaufoptionen für jeweils zwei Mark zurück. Dadurch schließt er die Position mit einem Gewinn von 28 Mark je Aktie, insgesamt also 28.000 Mark. Auf seine Aktienbestände verzeichnet er gleichzeitig einen Buchverlust von 30 Mark pro Aktie, der von der vereinnahmten Optionsprämie fast in voller Höhe aufgefangen wird. Insgesamt ergibt sich ein Minus von 2.000 Mark. Fällt die Aktie jedoch weiter, sind die dann eintretenden Verluste nicht mehr abgesichert.

Das Schaubild zeigt: – Maximaler Gewinn = Basispreis – Aktienpreis + Optionsprämie

(Im Beispiel: 300 − 300 + 30 = 30
Mark)
− Gewinnschwelle = Aktienpreis −
Optionsprämie
(300 − 30 = 270 Mark)
− Der größtmögliche Verlust
(wenn die Aktien wertlos sind) =
Aktienpreis − Optionsprämie
(300 − 30 = 270 Mark)

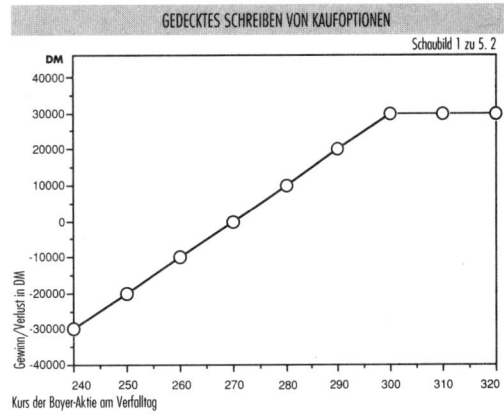

Bei dem Stillhaltergeschäft spielt die Kurserwartung des Anlegers eine entscheidende Rolle. Rechnet er mit einem starken Rückschlag, bieten sich Kaufoptionen mit einem niedrigen Basispreis an, um sich durch die hohe Optionsprämie ein möglichst dickes Polster gegen Kursverluste zu schaffen. Erwartet der Investor dagegen leichte Kurssteigerungen, ist es ratsam, Optionen mit hohen Basispreisen zu verkaufen. Denn dann ist es relativ unwahrscheinlich, daß die Option ausgeübt wird. Ähnlich ist auch die Laufzeit einer Option zu beurteilen. Bei einer geschriebenen Option mit einem weit entfernten Verfalltermin ist die Wahrscheinlichkeit der Ausübung durch den Halter größer als bei einer kürzer laufenden Option.

Ungedecktes Schreiben von Kaufoptionen

Während das Schreiben von gedeckten Kaufoptionen eine eher konservative Strategie darstellt, ist der Verkauf ungedeckter Kaufoptionen hochspekulativ. Denn die Verkäufer ungedeckter Kaufoptionen sind nicht im Besitz der Aktien, auf die sie eine Option ausstellen. Sie spekulieren darauf, daß eine Aktie bis zum Verfalltermin nicht oder nur geringfügig steigt, so daß die Optionsprämie fast in voller Höhe vereinnahmt werden kann. Beim Verkauf einer ungedeckten Kaufoption muß der Aussteller Sicherheiten bei seiner Bank leisten. Mit der hinterlegten Summe wird gewährleistet, daß die eingegangene Verpflichtung auch bei einer gegenläufigen Entwicklung erfüllt wird. Bisher ist diese Praxis nur in den USA und in Großbritannien üblich.

Beispiel: Ein Anleger rechnet damit, daß die BMW-Aktie von gegenwärtig 620 auf 550 Mark fallen wird. Um an dieser Entwicklung partizipieren zu können, entscheidet er sich zum Verkauf von zehn BMW-Juli-600-Kaufoptionen zum Preis von 40 Mark, ohne die Titel zu besitzen. Pro Optionskontrakt erhält er für seine Verpflichtung, die Aktie bis zur Fälligkeit zu 600 Mark zu liefern, 2.000 Mark, bei zehn Kontrakten somit 20.000 Mark. Fällt BMW bis Juli auf 540 Mark, ist die Option wertlos, und der Anleger kann die volle Optionsprämie als Gewinn verbuchen. Steigt der Automobilwert dagegen auf 650 Mark, wird die Option ausgeübt, so daß der Anleger 500 BMW-Aktien an der Börse zum Kurs von 650 Mark kaufen muß. Der Verlust beträgt somit 10 Mark je Aktie insgesamt also 5.000

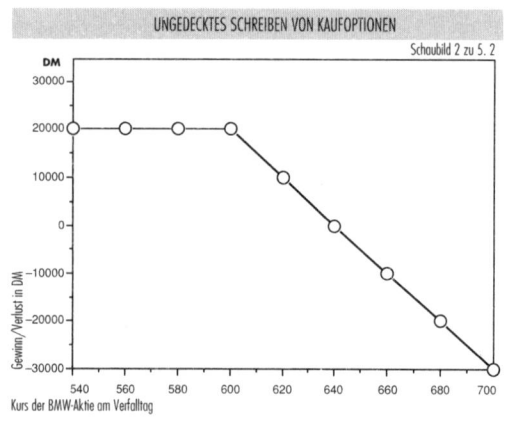

UNGEDECKTES SCHREIBEN VON KAUFOPTIONEN

Schaubild 2 zu S. 2

Kurs der BMW-Aktie am Verfalltag

Mark. Das Beispiel macht deutlich, daß in Zeiten stabiler oder fallender Aktienkurse das Schreiben nackter Kaufoptionen eine sehr vorteilhafte Strategie ist. Notiert die BMW-Aktie am Verfalltermin unter 600 Mark, kann der Anleger die gesamte Optionsprämie einbehalten. Innerhalb der Kursspanne von 600 und 640 Mark fällt für ihn noch ein Teilgewinn an. Steigt die Notiz jedoch über 640 Mark, entstehen Verluste, die theoretisch, wenn der Aktienkurs über alle Maßen steigt, unbegrenzt sind. Diese Strategie eignet sich deshalb nur für kapitalkräftige Anleger, die das erhöhte Risiko auch tragen können. Der höchstmögliche Gewinn ist beim Verkauf ungedeckter Kaufoptionen die erhaltene Optionsprämie. Der Aktienkurs, unter dem für den Optionsverkäufer die Gewinnzone beginnt, errechnet sich aus dem Basispreis zuzüglich der erhaltenen Optionsprämie.

5.3.　　　 Kauf einer Verkaufsoption

Der Käufer einer Verkaufsoption (Put) erwirbt das Recht, innerhalb der Laufzeit der Option eine bestimmte Anzahl von Aktien zum Basispreis zu verkaufen. Dafür zahlt er die Optionsprämie.

Halter von Verkaufsoptionen wollen entweder

– einen spekulativen Gewinn aufgrund erwarteter Kursrückgänge einer bestimmten Aktie erzielen oder

– Aktienbestände gegen Kursverluste absichern.

Der Kauf von Verkaufsoptionen ist eine Alternative zu Leerverkäufen, wobei mit einem relativ geringen Einsatz ein großer Gewinn erzielt werden kann.

Ein Beispiel: Ein Anleger rechnet für die nächsten Monate mit einem starken Kursrückgang der Nixdorf-Aktie, die gegenwärtig 300 Mark kosten soll. Um von den nachgebenden Notierungen zu profitieren, bieten sich zwei Wege an: Entweder der Leerverkauf von 500 Aktien zu je 300 Mark (Verkaufserlös 150.000 Mark) über die Zürcher Börse oder der Kauf von 10 Verkaufsoptionen mit dem Basispreis 300 Mark und dem Fälligkeitsmonat Juli zum Preis von 20 Mark (gesamter Einsatz 10.000 Mark). Die nachstehende Tabelle stellt mögliche Ergebnisse der beiden Baisse-Strategien gegenüber (Angaben in Mark):

Tabelle 1 zu 5. 3

Kurs am Verfalltag		Verkaufsoption		Leerverkauf	
der Aktie	der Verkaufsoption	Gewinn/Verlust	Gewinn/Verlust in %	Gewinn/Verlust	Gewinn/Verlust in %
		insgesamt		insgesamt	
250	50	+ 15000	+ 150	+ 25000	+ 16,7
275	25	+ 2500	+ 25	+ 12500	+ 8,3
280	20	0	0	+ 10000	+ 6,7
300	0	− 10000	− 100	0	0
325	0	− 10000	− 100	− 12500	− 8,3
350	0	− 10000	− 100	− 25000	− 16,7
375	0	− 10000	− 100	− 37500	− 25,0
400	0	− 10000	− 100	− 50000	− 33,3

Wie stark das Ausmaß der Hebelwirkung einer Verkaufsoption in Relation zu einem Leerverkauf ist, soll folgendes Schaubild verdeutlichen:

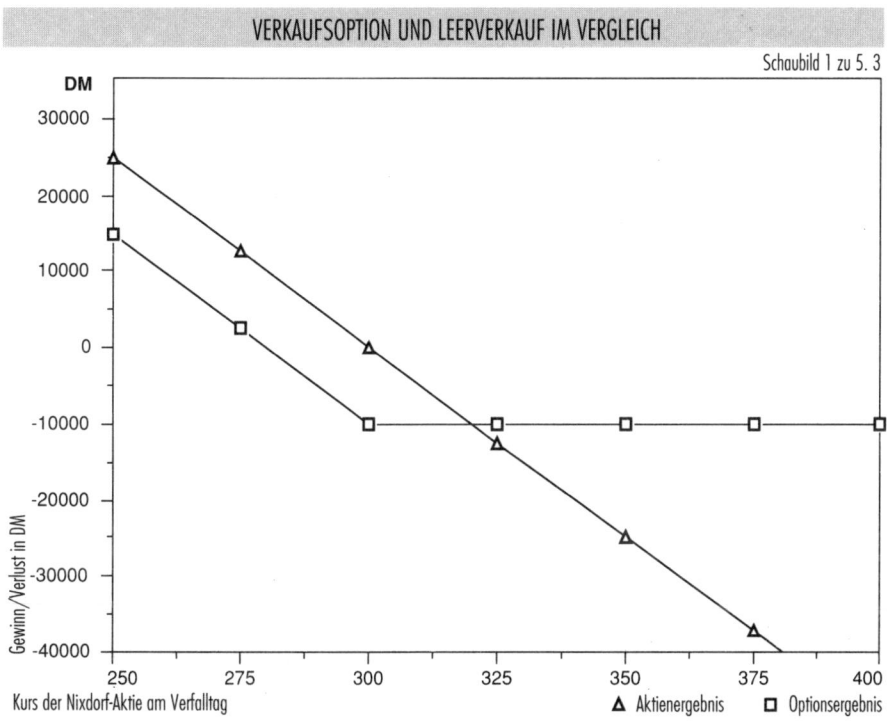

VERKAUFSOPTION UND LEERVERKAUF IM VERGLEICH

Schaubild 1 zu 5. 3

Sowohl aus der tabellarischen Übersicht als auch aus der Grafik wird ersichtlich, daß bei deutlichen Kursrückschlägen mit der Verkaufsoption viel höhere Gewinne, bezogen auf den Kapitaleinsatz, erzielt werden können als durch einen Leerverkauf von Aktien. Geht die Spekulation nicht auf – die Aktie steigt – , begrenzt die Verkaufsoption den absoluten Verlust, da der Anleger niemals mehr als die gezahlte Optionsprämie verlieren kann. Dagegen weist der Leerverkauf ein unlimitiertes Risiko auf, denn die Aktie kann theoretisch ins unendliche steigen. Der Vorteil von Verkaufsoptionen schwindet, wenn der Aktienkurs nur in geringem Maße schwankt.

Die Eckdaten für den Kauf einer Verkaufsoption lauten:
– Maximaler Gewinn = Basispreis – Optionsprämie
(Im Beispiel: 300 – 20 = 280 Mark je Aktie)
– Größtmöglicher Verlust = die gezahlte Optionsprämie
(20 Mark pro Aktie)
– Gewinnschwelle = Basispreis – Optionsprämie
(300 – 20 = 280 Mark)

Durch die Variation von Basispreisen und Verfallterminen kann das Niveau der Spekulation dosiert werden. Grundsätzlich gilt für die Verkaufsoption:
– Je tiefer der Basispreis der Option unter dem aktuellen Aktienkurs liegt, je weiter sich die Option also aus dem Geld befindet, um so größer ist das Risiko.
– Mit Herannahen der Option an den Verfalltermin wächst das Risiko.

Beispiel: Die Nixdorf-Aktie kostet 300 Mark. Ein Anleger rechnet mit einer starken Abwärtsbewegung und möchte durch den Kauf von zehn September-Verkaufsoptionen an der erwarteten Entwicklung teilhaben. Folgende Basispreise stehen dabei zur Wahl:

BASISPREISE UND PRÄMIEN	
Tabelle 2 zu 5. 3	
Basispreis in Mark	Prämie in Mark
350	70
300	30
280	15
260	5
240	1

KAUF EINER KAUFOPTION			
			Tabelle 3 zu 5. 3
Basispreis	Kaufpreis der Option	Preis der Option am Verfalltag	Gewinn/Verlust in % des Kaufpreises
350	70	110	+ 57,1
300	30	60	+ 100
280	15	40	+ 166,7
260	5	20	+ 300
240	1	0	– 100

Die Erwartungshaltung des Anlegers soll sich als richtig erwiesen haben. Der Nixdorf-Kurs ist bis zum Verfalltag der Verkaufsoption auf 240 Mark gefallen. Daraus ergibt sich folgende Erfolgsrechnung (Angaben in Mark):

Den höchsten prozentualen Gewinn erzielt der Anleger mit einer Verkaufsoption, die sehr weit aus dem Geld ist, wogegen die Option, die im Geld ist, den relativ geringsten Ertrag abwirft. Hier ist die Wahrscheinlichkeit, daß die Verkaufsoption am Verfalltermin keinen Wert mehr aufweist, am kleinsten und damit die Optionsprämie am teuersten.

Hätte der Anleger zehn Verkaufsoptionen mit Basispreis 260 für insgesamt 2.500 Mark erworben, erzielte er einen Gewinn von 7.500 Mark (10.000 aus dem Verkaufserlös minus 2.500 gezahlte Prämie).

Ähnlich verhält sich die Situation bei den Verfallterminen. Je länger die Laufzeit der Verkaufsoption ist, um so höher fällt die Prämie aus.

Verkaufsoptionen bieten einen hervorragenden Schutz für Investoren, die bereits Aktien besitzen und rückläufige Kurse fürchten. Wird aber nur mit einer kurzfristigen Abwärtsbewegung gerechnet, stellt der Kauf von Verkaufsoptionen ein geeignetes Instrument dar, um schwache Marktphasen zu nutzen.

Beispiel: Die BASF-Aktie notiert bei 290 Mark. Ein Anleger erwartet in den nächsten Monaten einen starken Kursaufschwung und kauft mutig 1.000 BASF-Aktien im Gesamtwert von 290.000 Mark. Um sich jedoch gegen einen unliebsamen Rückschlag abzusichern, erwirbt er gleichzeitig 20 BASF-Verkaufsoptionen mit dem Basispreis 280 Mark und der Fälligkeit Juli zum Kurs von 15 Mark für insgesamt 15.000 Mark. Daraus ergibt sich zum Verfalltermin folgende Bilanz (Angaben in Mark).

Die Absicherung über die Verkaufsoption garantiert dem Anleger, daß bis zum Verfalltermin der Verlust nicht über 25.000 Mark hinausgeht. Dabei könnte die Aktie sogar wertlos werden, die Verkaufsoption sichert den Verfall ab. Steigt der Aktienkurs, partizipiert der Anleger an den Kurssteigerungen, muß allerdings die gezahlte Prämie für die Verkaufsoption vollständig abschreiben. Die Gewinnschwelle liegt somit bei einem Aktienkurs von 305 Mark (Basispreis plus gezahlte Optionsprämie). Je weiter die Verkaufsoption aus dem Geld liegt, desto geringer fallen die Kosten der Absicherung aus. Gleichzeitig steigt das maximal mögliche Risiko. Das nächste Schaubild veranschaulicht diese Strategie.

HEDGING MIT VERKAUFSOPTIONEN

Tabelle 4 zu 5. 3

Aktienkurs	Gewinn/Verlust aus dem Aktienkauf	Preis der Verkaufsoption	Gewinn/Verlust der Verkaufsoption	Netto-Gewinn/Verlust
250	−40000	30	+15000	−25000
260	−30000	20	+ 5000	−25000
270	−20000	10	− 5000	−25000
280	−10000	0	−15000	−25000
290	0	0	−15000	−15000
300	+10000	0	−15000	− 5000
310	+20000	0	−15000	+ 5000
320	+30000	0	−15000	+15000
330	+40000	0	−15000	+25000

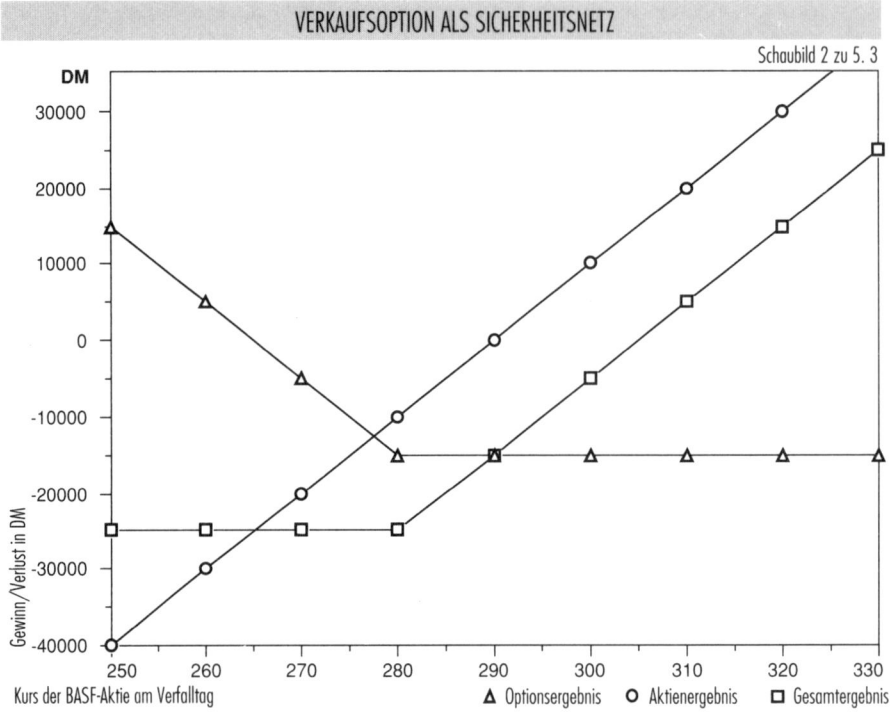

Schaubild 2 zu 5. 3

Als Eckdaten heißt es festzuhalten:

– Der höchstmögliche Gewinn ist unbeschränkt.

– Der maximale Verlust je Aktie ergibt sich aus:

Aktienkurs + Optionspreis – Basispreis

(Im obigen Beispiel: 290 + 15 – 280 = 25 Mark)

– Die Gewinnschwelle liegt bei:

Aktienkurs + Optionsprämie

(290 + 15 = 305 Mark)

5.4.   VERKAUF EINER VERKAUFSOPTION

Der Verkäufer oder Schreiber einer Verkaufsoption verpflichtet sich, eine festgelegte Anzahl bestimmter Aktien innerhalb der Laufzeit zum Basispreis zu kaufen, wenn der
Halter sein Optionsrecht ausübt. Dafür erhält er eine Prämie.

Der Stillhalter verdient an unveränderten oder steigenden Notierungen, da die
Option dann nicht ausgeübt wird. Verkäufer von Verkaufsoptionen verfolgen zwei Ziele:

– Ein zusätzliches Einkommen erzielen oder

– den Kaufpreis einer Aktie mindern.

Erzielung zusätzlicher Einkünfte

Bei dieser Strategie kommt es in erster Linie darauf an, daß die geschriebenen Optionen bis zum Verfalltag wertlos geworden sind. Dann kann der Stillhalter die vereinnahmte Optionsprämie in voller Höhe behalten.

Beispiel: Die Siemens-Aktie notiert bei 600 Mark. Ein Anleger rechnet mit steigenden Kursen und möchte durch den Verkauf von Verkaufsoptionen eine attraktive Prämie vereinnahmen. Deshalb schreibt er zehn Siemens-Juli-600-Verkaufsoptionen und erhält dafür 30 Mark je Aktie, also 1.500 Mark pro Kontrakt, insgesamt demnach 15.000 Mark. Liegt der Aktienkurs am Ende der Laufzeit über dem Basispreis, verfällt die Option, so daß der Stillhalter die Prämie in voller Höhe einstreichen kann. Fällt die Notiz auf 550 Mark, übt der Inhaber der Verkaufsoption sein Recht aus und dient die Siemens-Aktien zu 600 Mark an. Für den Verkäufer ergibt sich ein Verlust von 20 Mark je Aktie, insgesamt demnach 10.000 Mark. Im tabellarischen Überblick sieht das Beispiel am Verfalltermin aus Sicht des Stillhalters so aus (Angaben in Mark):

VERKAUF EINER VERKAUFSOPTION		
Kurs der Aktie	Kurs der Verkaufsoption	Gewinn/Verlust
550	50	− 10.000
560	40	− 5.000
570	30	0
580	20	+ 5.000
590	10	+ 10.000
600	0	+ 15.000
610	0	+ 15.000

Tabelle 1 zu 5. 4

In Zeiten stabiler oder steigender Aktienkurse ist das Schreiben von Verkaufsoptionen eine äußerst vorteilhafte Strategie. Notiert die Siemens-Aktie am Verfalltermin über 600 Mark, verbleibt die gesamte Optionsprämie beim Stillhalter. Zwischen 570 und 600 Mark realisiert er einen Teilgewinn. Unter 570 Mark beginnt die Verlustzone. Da der Aktienkurs theoretisch auf Null fallen kann, ist ein maximaler Verlust von 285.000 Mark möglich. Fazit: Einem limitierten Gewinnpotential steht ein hohes Verlustrisiko gegenüber. Daher kommt diese Strategie nur für sehr kapitalkräftige und risikobewußte Anleger in Frage. Die Zusammenfassung der Eckdaten lautet:

– Maximaler Gewinn = Die erhaltene Optionsprämie

– Höchstmöglicher Verlust = Basispreis – Optionsprämie

(Im Beispiel: 600 – 30 = 570 Mark je Aktie)

– Gewinnschwelle = Basispreis – Optionsprämie

(600 – 30 = 570 Mark)

Verminderung des Einstandspreises

Gelegentlich hoffen die Schreiber von Verkaufsoptionen darauf, daß die Option vom jeweiligen Besitzer ausgeübt wird. Darin sehen sie eine gute Möglichkeit, eine Aktie billiger zu kaufen, da die erhaltene Optionsprämie den Einstandskurs vermindert. Wird die Option nicht ausgeübt, bleibt die Prämie übrig.

Beispiel: Ein Anleger ist an dem Kauf der Daimler-Aktie interessiert, doch erscheint ihm der Kurs von 800 Mark recht hoch. Deshalb entschließt er sich zum Verkauf von zehn 800-Juli-Verkaufsoptionen zum Preis von 50 Mark. Tatsächlich fällt der Daimler-Kurs auf 770 Mark bis zum Verfalltag, so daß der Stillhalter eine Ausübungsnotiz erhält. Aufgrund der Prämie verringert sich sein Einstiegspreis auf 750 Mark. Legt der Aktienkurs dagegen zu, wird die geschriebene Option wertlos, und der Anleger kann die Optionsprämie in der Gesamthöhe von 25.000 Mark ohne Abstriche behalten.

5.5.   KAUF EINES STRADDLE

Unter einem Straddle (auf deutsch: Spreizen) ist der gleichzeitige Kauf einer Kauf- und einer Verkaufsoption auf eine Aktie mit demselben Basispreis und identischem Verfalltermin zu verstehen. Der Käufer eines Straddle profitiert von starken Kursbewegungen einer Aktie. Da er gleich zwei Optionsprämien zahlt, muß die Aktie bis zur Fälligkeit der Option entweder so stark steigen oder so deutlich fallen, daß der Investor auf einer Seite – Hausse oder Baisse – einen Verkaufspreis erzielt, der seine gezahlten Prämien übersteigt. Anders ausgedrückt: Der Aktienkurs muß am Ende der Laufzeit um den Preis des Straddle über oder unter dem Basispreis liegen.

Beispiel: Die Daimler-Aktie notiert bei 750 Mark. Ein Anleger rechnet mit starken Kursbewegungen in den nächsten Wochen, ist sich über die Richtung der Kursbewegung aber nicht im klaren. Deshalb entscheidet er sich zum Kauf eines Straddle. Dabei erwirbt der Anleger zehn Kaufoptionen-Juli-750 für 30 Mark und zehn Verkaufsoptionen-Juli-750 zu 20 Mark. Diese Strategie kostet den Anleger zusammen 50 Mark je Aktie, bei zehn Kontrakten mit je 50 Aktien also insgesamt 25.000 Mark.

KAUF EINES STRADDLE

Tabelle 1 zu 5.5

Aktienkurs am Verfalltag	Gewinn/Verlust der 750-Kaufoption (inklusive der gezahlten Prämie)	Gewinn/Verlust der 750-Verkaufsoption	Netto-Gewinn/Verlust insgesamt
650	−30	+80	+25.000
675	−30	+55	+12.500
700	−30	+30	0
725	−30	+5	−12.500
750	−30	−20	−25.000
770	−10	−20	−15.000
780	0	−20	−10.000
800	+20	−20	0
825	+45	−20	+12.500
850	+70	−20	+25.000

Steigt Daimler nun bis zum Verfalltermin auf 850 Mark, wird die Verkaufsoption wertlos, wogegen die Kaufoption 100 Mark wert ist. Insgesamt erlöst der Anleger somit 50.000 Mark. Sein Gewinn beträgt 25.000 Mark, also 100 Prozent auf den Einsatz. Tabellarisch sieht die Konstellation so aus (Angaben in Mark).

Fällt Daimler unter 700 Mark oder steigt der Kurs über 700 Mark, kommt der Anleger in die Gewinnzone. Grafisch sieht der Zusammenhang so aus:

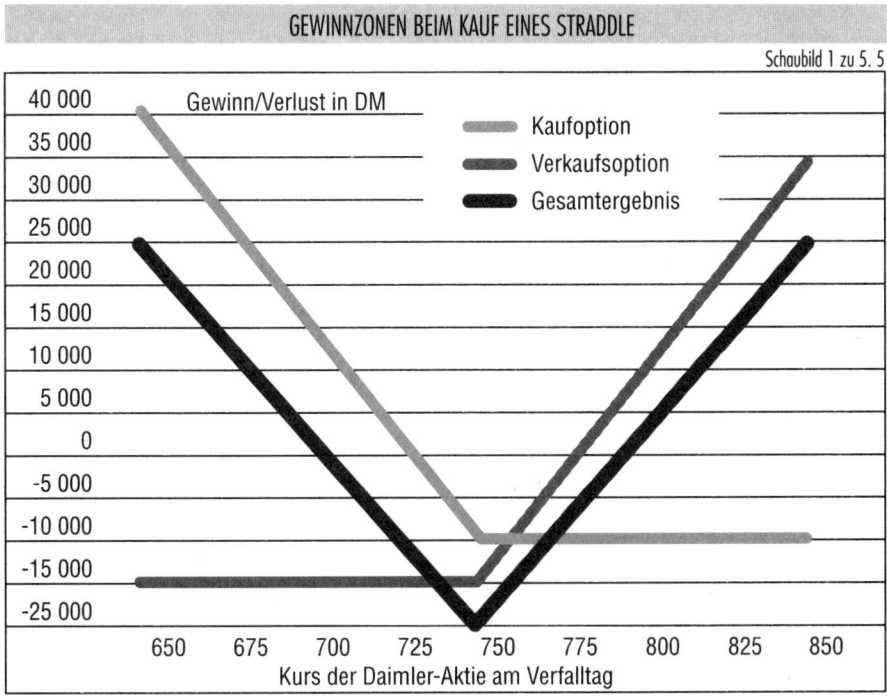

GEWINNZONEN BEIM KAUF EINES STRADDLE

Schaubild 1 zu 5. 5

Gewinn/Verlust in DM

- Kaufoption
- Verkaufsoption
- Gesamtergebnis

Kurs der Daimler-Aktie am Verfalltag

Die Eckdaten lauten:

– Maximaler Gewinn:

Bei steigenden Aktienkursen unlimitiert

Bei fallenden Kursen Basispreis abzüglich dem Preis für den Straddle
(im obigen Beispiel: 150–50 = 100 DM pro Aktie)

– Maximaler Verlust: Die Kosten für den Straddle
(50 DM pro Aktie)

– Gewinnschwelle:

Nach oben: Basispreis plus Preis für den Straddle
(750 + 50 = 800 Mark)

Nach unten: Basispreis abzüglich Preis für den Straddle
(750 – 50 = 700 Mark).

Bei dieser Strategie hängt der Erfolg von den Schwankungen der Aktie, der sogenannten Volatilität, ab. In den USA sind Werte aus den Bereichen Technologie, Pharmazie und Gentechnologie dafür bekannt. Aber auch Unternehmenszusammenschlüsse und Übernahmen führen zu exorbitanten Kursausschlägen. Ausschlaggebend für den Erfolg ist häufig der Verfalltermin. Ein Straddle mit kurzer Laufzeit hat den Vorteil, weniger zu kosten als ein längerfristiger Straddle. Andererseits ist die Wahrscheinlichkeit von größeren Kurssprüngen bei einer längeren Laufzeit höher. Auch der Basispreis spielt eine wichtige Rolle. Welche Basis gewählt wird, hängt von der Erwartung des Anlegers ab. Rechnet er mit einem kräftigen Anstieg der Aktie, entscheidet er sich für einen niedrigen Wert. Setzt er auf fallende Kurse, wird ein höherer Basispreis gewählt.

Häufig wird der Straddle nicht bis zum Verfalltermin gehalten, sondern – je nach Kursentwicklung – auf der Kauf- oder Verkaufsseite während der Laufzeit aufgelöst. Das obige Beispiel der Daimler-Aktie fortgesetzt, soll kurz nach dem Kauf des Straddle Juli 750 Mark die Notiz für Daimler auf 820 Mark steigen. Der Anleger geht aufgrund des raschen Anstiegs davon aus, daß die Rally erst einmal vorüber ist und verkauft die Kaufoptionen zu 90 Mark (70 Mark innerer Wert, 20 Mark Zeitprämie). Insgesamt kostete der Straddle 50 Mark, so daß jetzt schon 40 Mark Gewinn je Aktie sichergestellt sind, insgesamt somit 20.000 Mark. Im Börsenjargon heißt die Auflösung einer Seite auch, „ein Bein heben". Wäre umgekehrt der Daimler-Kurs stark gefallen, hätte sich der Anleger für einen schnellen Verkauf der Verkaufsoption entschieden.

Da die andere Position, das andere Bein, noch besteht, könnte eventuell auch diese Option mit Gewinn verkauft werden. Diese Idealkonstellation tritt in der Realität freilich nur selten auf. Sie hängt allerdings stark vom gewählten Verfalltermin ab. Geht der Aktienkurs nach dem Verkauf der Kaufoption deutlich zurück, kann die Kaufoption auf niedrigem Niveau erneut gekauft werden, so daß wieder ein Straddle besteht. Jede deutliche Kursbewegung bietet dann eine Gelegenheit, eine Seite glattzustellen.

Grundsätzlich ist es ratsam, erst eine Position zu schließen, wenn die Kosten für den Straddle verdient worden sind. Nicht selten wird durch falsche Markteinschätzung ein Bein zu schnell gehoben und das andere später weggezogen, was für den Anleger schmerzliche Verluste zur Folge hat.

5.6.   **KAUF EINER KOMBINATION**

Der Kauf einer Kombination stellt den gleichzeitigen Kauf einer Kauf- und Verkaufsoption auf eine Aktie mit unterschiedlichen Basispreisen und unterschiedlichen Verfallterminen dar. Dem Käufer einer Kombination bietet sich eine breite Palette von Strategien an. Die Erfahrung in den USA zeigt, daß Kombinationen mit unterschiedlichen Basispreisen am häufigsten sind. Von der Wahl der Basispreise hängen insbesondere die Kosten der Strategie und die Gewinnchancen ab.

Beispiel: Delta Air Lines notiert bei 80 Dollar. Ein Anleger rechnet in den nächsten Wochen mit starken Kursbewegungen. Deshalb erwirbt er zehn Kaufoptionen Juni mit dem Basispreis 90 Dollar und zahlt dafür jeweils zwei Dollar. Gleichzeitig kauft er für vier Dollar zehn Juni-Verkaufsoptionen von Delta Air Lines mit dem Basispreis von 80 Dollar. Insgesamt setzt der Anleger somit sechs Dollar je Aktie oder insgesamt 6.000 Dollar (6 x 1.000 Aktien, die in USA übliche Kontraktgröße bei Optionen sind 100 Aktien) ein.

Fällt Delta Air Lines bis zum Verfalltermin auf 65 Dollar, wird die Kaufoption wertlos. Auf dieser Seite fällt dann ein Verlust von 2.000 Dollar an. Freude macht dagegen die Verkaufsoption, die auf 15 Dollar steigt und einen Gewinn von 11.000 Dollar in die Kasse spült. Unter dem Strich bleiben somit 15.000 Dollar übrig, was nach Abzug der Kosten von 6.000 Dollar einem Nettogewinn von 9.000 Dollar entspricht.

Ein tabellarischer Überblick sowie ein Schaubild sollen die Strategie verdeutlichen (Angaben in Dollar):

Im Beispiel kommt der Anleger in die Gewinnzone, wenn der Kurs von Delta Air Lines unter 74 Dollar fällt (80 minus sechs Dollar gezahlte Optionsprämie) oder über 96 Dollar steigt (90 plus sechs Dollar für die Optionsprämie). Pendelt der Kurs am Verfalltag hingegen zwischen 74 und 96 Dollar, tritt mindestens auf einer Seite ein Verlust ein. Die Eckdaten für den Kauf einer Kombination lauten:

KAUF EINER KOMBINATION

Tabelle 1 zu 5.6

Kurs von Delta-Airlines am Verfalltag	Netto-Ergebnis der 90-Kaufoption	Netto-Ergebnis der 80-Verkaufsoption	Gewinn/Verlust der Kombination
55	− 2.000	+21.000	+19.000
60	− 2.000	+16.000	+14.000
65	− 2.000	+11.000	+ 9.000
70	− 2.000	+ 6.000	+ 4.000
75	− 2.000	+ 1.000	− 1.000
80	− 2.000	− 4.000	− 6.000
85	− 2.000	− 4.000	− 6.000
90	− 2.000	− 4.000	− 6.000
95	+ 3.000	− 4.000	− 1.000
100 ·	+ 8.000	− 4.000	+ 4.000
105	+13.000	− 4.000	+ 9.000
110	+18.000	− 4.000	+14.000

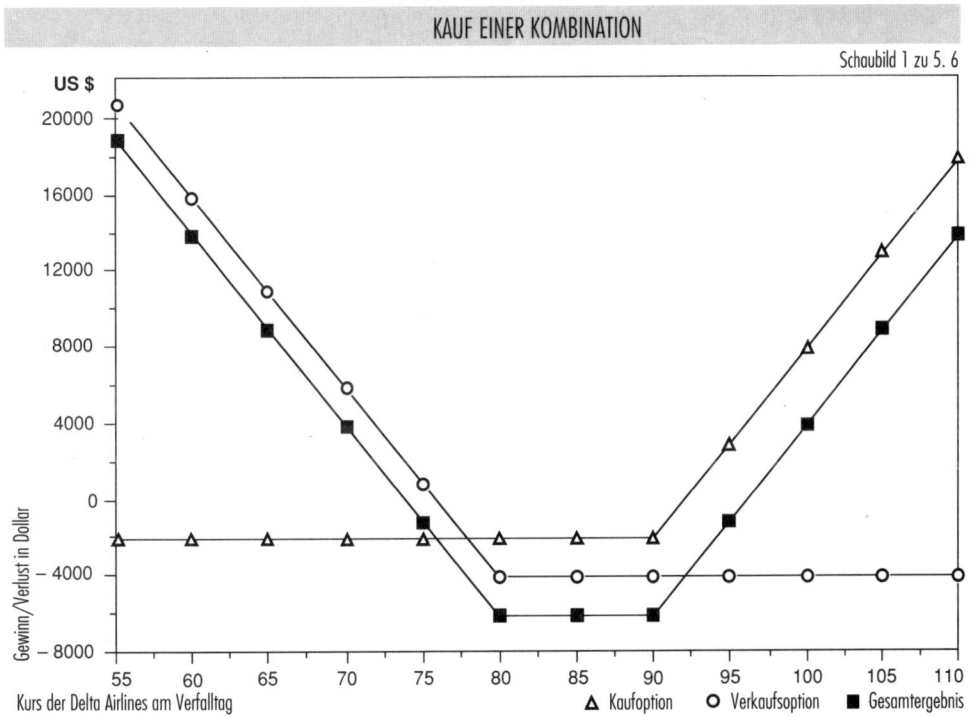

KAUF EINER KOMBINATION

Schaubild 1 zu 5.6

△ Kaufoption   ○ Verkaufsoption   ■ Gesamtergebnis

– Maximaler Gewinn:
– Bei steigenden Aktienkursen: Unbeschränkt

67

– Bei fallenden Aktienkursen: Der niedrigere Basispreis abzüglich beider Options-
prämien (im Beispiel: 80 − 2 − 4 = 74 $ pro Aktie)
– Maximaler Verlust: Die Kosten der Kombination (6 $ pro Aktie)
– Gewinnschwelle:
– Nach oben: Höherer Basispreis + Preis der Kombination
(90 + 6 = 96 Dollar)
– Nach unten: Niedriger Basispreis − Preis der Kombination
(80 − 6 = 74 Dollar)

In dem Beispiel wurde eine Kombination gewählt, deren Basispreise zehn Dollar oder Punkte auseinanderklaffen. Während die Verkaufsoption am Geld liegt, befindet sich die Kaufoption um zehn Dollar aus dem Geld. Der Anleger erwartet folglich eher fallende Notierungen. Ein optimistischer Investor hätte die gegenteilige Kombination gewählt und sich für eine Verkaufsoption entschieden, die aus dem Geld liegt (etwa mit einer Basis 70 Dollar), und für eine am Geld befindliche Kaufoption zu 80 Dollar.

Obwohl sich Straddle und Kombination sehr ähnlich sind – bei beiden Strategien werden gleichzeitig ein Call und ein Put gekauft –, gibt es einige Unterschiede, die daraus resultieren, daß die Basispreise beim Straddle gleich sind, während sie bei der Kombination differieren:

Die Kosten – die beiden Optionsprämien – liegen beim Straddle höher als bei der Kombination. Denn der Straddle weist eine geringere Spannbreite auf, so daß der Anleger schneller in die Gewinnzone gelangt.

Hinsichtlich der Hebelwirkung weist die Kombination einen Vorteil auf. Da der Einsatz geringer ist, fällt der prozentuale Gewinn in Bezug auf die Optionsprämien häufig höher aus als beim Straddle. Gleichzeitig ist das Risiko beim Kauf einer Kombination größer, den Einsatz zu verlieren. Der gekaufte Straddle ist demzufolge risikoärmer, aber auch nicht so gewinnträchtig wie der Erwerb einer Kombination.

5.7.   VERKAUF EINES STRADDLE

Der Verkauf eines Straddle stellt den gleichzeitigen Verkauf einer Kauf- und Verkaufsoption einer Aktie mit identischem Basispreis und gleicher Laufzeit dar.

Wer einen Straddle verkauft, ohne die entsprechende Aktie zu besitzen, geht eine hochspekulative Strategie ein, die sich nur für sehr risikofreudige Anleger eignet. Der Verkäufer eines Straddle erwartet nämlich, daß sich der Aktienkurs während der Laufzeit kaum bewegt. Für sein Stillhalter-Risiko kassiert er zweimal eine Prämie. Um einen Gewinn zu realisieren, muß der Verlust bei einer ausgeübten Option geringer sein als die erhaltenen Optionsprämien aus dem Verkauf beider Optionen.

Beispiel: Delta Air Lines notiert bei 80 Dollar. Ein Anleger rechnet für die nächsten Monate mit einem sehr ruhigen Kursverlauf und entscheidet sich deshalb zum Verkauf eines Straddle. Dabei veräußert er zehn Kaufoptionen-Juni-80 zu sechs Dollar und zehn Verkaufsoptionen-80 zu vier Dollar. Insgesamt streicht der Anleger eine Prämie von zehn Dollar pro Aktie oder 10.000 Dollar ein. Kostet Delta Air Lines am Ende der Verfallzeit 84 Dollar, ist die Verkaufsoption wertlos, so daß 4.000 Dollar gutgeschrieben werden. Dagegen liegt die Kaufoption mit vier Dollar im Geld und wird ausgeübt oder vom Anleger zurückgekauft, um zusätzliche Kosten zu sparen. Da für den Rückkauf 4.000 Dollar erforderlich sind, bleiben letztlich 6.000 Dollar aus beiden Positionen übrig. Nachstehende Übersicht soll das Beispiel verdeutlichen (Angaben in Dollar):

Fällt Delta Air Lines unter 70 Dollar oder steigt über 90 Dollar, macht der Straddle-Verkäufer Verluste. Die Einbußen fallen um so höher aus, je stärker die Kurse in eine Richtung ausschlagen. Zwischen 70 und 90 Dollar liegt die Gewinnzone. Dabei gilt die Faustregel: Je mehr sich der Aktienkurs dem Basispreis des Straddle nähert, desto höher fällt der Ertrag für den Schreiber, den Verkäufer, aus. Entspricht der Aktienkurs am Ende der Laufzeit dem Basispreis, vereinnahmt der Straddle-Verkäufer den maximal möglichen Gewinn.

VERKAUF EINES STRADDLE			
			Tabelle 1 zu 5.7
Aktienkurs am Verfalltag	Netto-Ergebnis der 80-Kaufoption	Netto-Ergebnis der 80-Verkaufsoption	Gewinn/Verlust des Straddle
40	+ 6.000	−36.000	−30.000
50	+ 6.000	−26.000	−20.000
60	+ 6.000	−16.000	−10.000
70	+ 6.000	− 6.000	0
76	+ 6.000	0	+ 6.000
80	+ 6.000	+ 4.000	+10.000
84	+ 2.000	+ 4.000	+ 6.000
90	− 4.000	+ 4.000	0
100	−14.000	+ 4.000	−10.000
110	−24.000	+ 4.000	−20.000
120	−34.000	+ 4.000	−30.000

Die Eckdaten lauten:

Maximaler Gewinn: Die Optionsprämien aus dem Verkauf der Kauf- und Verkaufsoption
(Im Beispiel: 6 + 4 = 10 $ pro Aktie)
Maximaler Verlust:
– Bei steigenden Aktienkursen: Unlimitiert
– Bei fallenden Aktienkursen: Basispreis minus Prämieneinnahmen
(80 − 6 − 4 = 70 $ pro Aktie)

Gewinnschwelle:
– Nach unten: Basispreis plus Prämie für den Straddle
(80 + 10 = 90 Dollar)
– Nach oben: Basispreis minus Prämie für den Straddle
(80 − 10 = 70 Dollar)

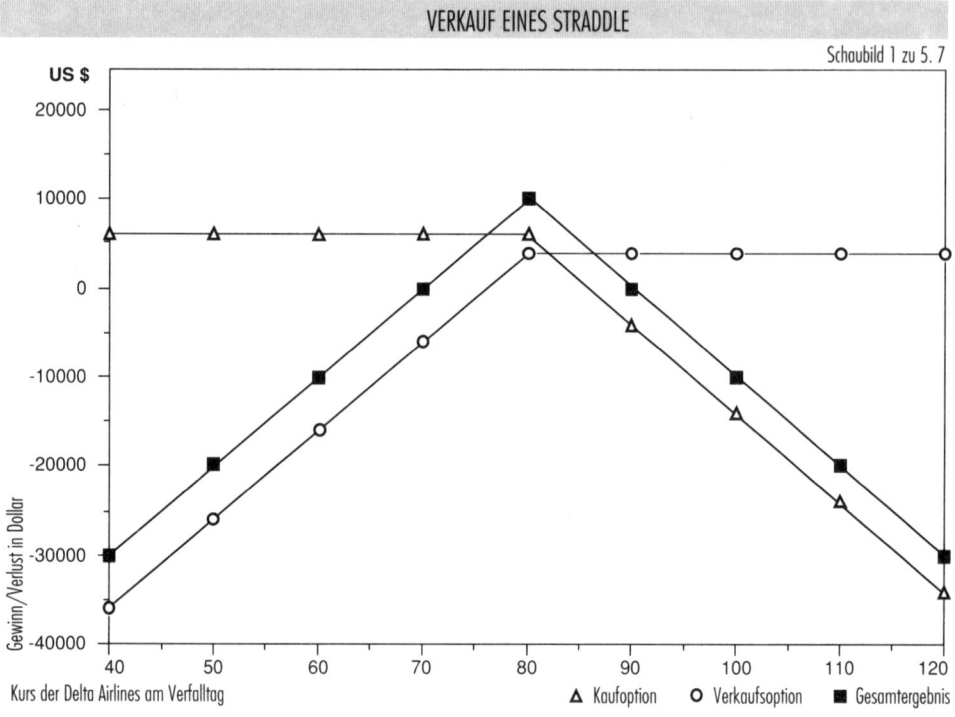

Schaubild 1 zu 5.7

5.8. ___ VERKAUF EINER KOMBINATION

Der Verkauf einer Kombination stellt den gleichzeitigen Verkauf einer Kauf- und Verkaufsoption einer Aktie mit unterschiedlichen Basispreisen und unterschiedlichen Verfallterminen dar.

VERKAUF EINER KOMBINATION			
Aktienkurs am Verfalltermin	Netto-Ergebnis der 90-Kaufoption	Netto-Ergebnis der 80-Verkaufsoption	Gewinn/Verlust der Kombination
60	+ 2.000	−16.000	−14.000
70	+ 2.000	− 6.000	− 4.000
80	+ 2.000	+ 4.000	+ 6.000
90	+ 2.000	+ 4.000	+ 6.000
100	− 8.000	+ 4.000	− 4.000
110	−18.000	+ 4.000	−14.000
115	−23.000	+ 4.000	−19.000

Tabelle 1 zu 5.8

Zum Verständnis soll auch hier ein Beispiel dienen: Delta Air Lines notiert bei 80 Dollar, und ein Anleger erwartet einen relativ ruhigen Kursverlauf der Flug-Aktie mit einer leichten Tendenz nach oben. Um sich zusätzliche Einnahmen zu verschaffen, entscheidet sich der Anleger zum Verkauf von zehn Kaufoptionen mit Fälligkeit Juni und Basispreis 90 Dollar zum Preis von zwei Dollar und von zehn Juni-Verkaufsoptionen Basis 80 Dollar zu vier Dollar. Pro Aktie erhält er somit sechs Dollar, insgesamt also 6.000 Dollar. Steigt Delta Air Lines bis zum Verfalltermin auf 84 Dollar, werden beide Optionen wertlos. Die vereinnahmten Prämien sind der Lohn der Angst: Dem Investor verbleiben die gesamten 6.000 Dollar. Zur Verdeutlichung dient nachstehende Tabelle (Angaben in Dollar):

Als Gewinn- und Verlustkurve ergibt sich:

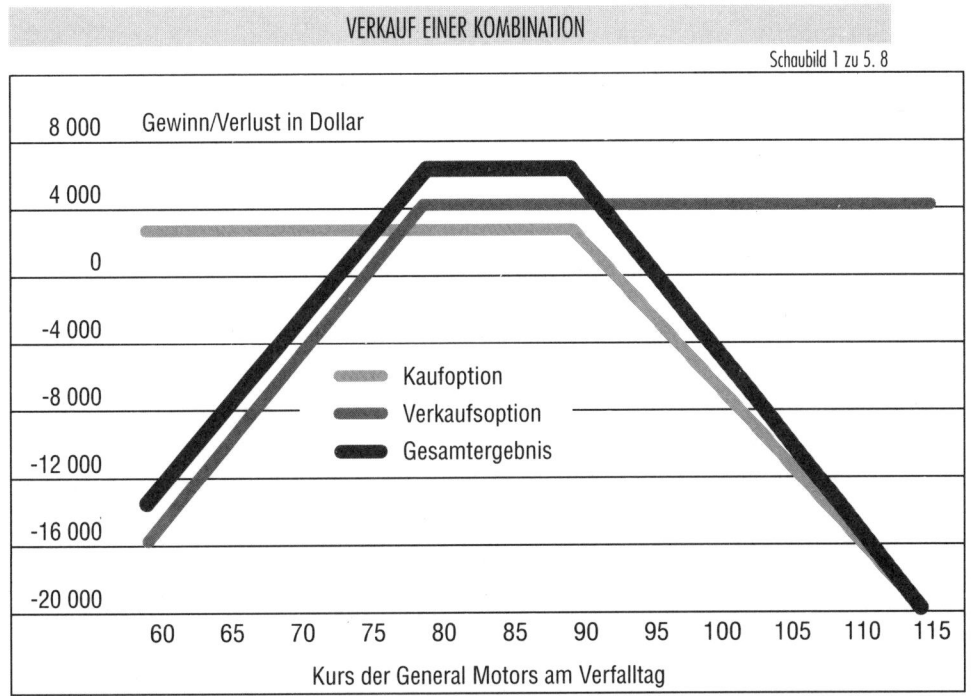

VERKAUF EINER KOMBINATION

Schaubild 1 zu 5. 8

Fällt Delta Air Lines unter 74 Dollar oder steigt der Titel über 96 Dollar, geht die Rechnung des Verkäufers der Kombination nicht auf, und er macht einen Verlust. Das Minus fällt um so höher aus, je stärker die Kursbewegung ist. Zwischen 74 und 80 Dollar sowie zwischen 90 und 96 Dollar bleibt ein Teil der Prämie übrig. Bei Notierungen zwischen 80 und 90 Dollar behält der Investor die gesamte Optionsprämie, da beide Optionen dann wertlos sind. Ein höherer Profit als 6.000 Dollar ist nicht erzielbar.

Die Eckdaten beim Verkauf einer Kombination lauten:

Maximaler Gewinn:Die Optionsprämien aus dem Verkauf der

Kauf- und der Verkaufsoption

Maximaler Verlust:

– Bei steigenden Aktienkursen: Unlimitiert

– Bei fallenden Aktienkursen: Basispreis der Verkaufsoption minus Prämieneinnahmen (Im Beispiel: 80 − 2 − 4 = 74 $ pro Aktie

Gewinnschwelle:

– Nach oben: Basispreis der Kaufoption

plus Prämie für die Kombination

(90 + 6 = 96 Dollar)

– Nach unten: Basispreis der Verkaufsoption
abzüglich Kombinations-Prämie
(80 – 6 = 74 Dollar)

In dem Beispiel wurde eine Kombination gewählt, deren Basispreise um zehn Dollar auseinanderliegen und bei dem sich die Verkaufsoption am Geld und die Kaufoption aus dem Geld befinden. Das heißt, daß der Verkäufer der Kombination eher mit einem leicht steigenden Kurs rechnet. Denn die untere Gewinnschwelle liegt bei 74 Dollar, die obere bei 96 Dollar.

Somit darf Delta Airlines maximal um 7,5 Prozent fallen, damit die Kombination nicht in die Verlustzone rutscht. Nach oben hat der Investor dagegen mehr Luft: Bis zu 20 Prozent – auf 96 Dollar – kann der Aktienkurs steigen, ohne daß das Ergebnis der Kombination in die roten Zahlen kommt.

Ein pessimistisch gestimmter Investor würde genau umgekehrt vorgehen und eine Kaufoption erwerben, die am Geld notiert (beispielsweise 80 Dollar) und eine Verkaufsoption kaufen, die aus dem Geld liegt (70 Dollar).

Gegenüber dem geschriebenen Straddle wirft der Verkauf einer Kombination eher einen Gewinn ab. Denn bei der verkauften Kombination ist die Bandbreite größer, innerhalb der sich der Aktienkurs bewegen kann, ohne daß ein Teil der Prämien wegen der Ausübung einer Option wieder verlorengeht.

Beim verkauften Straddle bleiben dem Anleger nur dann die gesamten Optionsprämien erhalten, wenn der spätere Aktienkurs exakt dem Basispreis entspricht. Weicht der Kurs auch nur geringfügig ab, ist mit der Ausübung einer der beiden geschriebenen Optionen zu rechnen.

5.9. SPREADS MIT KAUFOPTIONEN

Unter einem Spread als Strategie ist der gleichzeitige Kauf und Verkauf einer Kauf- oder Verkaufsoption mit unterschiedlichen Basispreisen und verschiedenen Verfallterminen zu verstehen. Daneben wird auch die Differenz zwischen der Prämieneinnahme – aus dem Optionsverkauf – und der gezahlten Prämie für den Kauf einer Option als Spread bezeichnet.

In der Praxis sieht ein Spread beispielsweise so aus: Ein Anleger kauft zehn Kaufoptionen von Sears, Roebuck Juli 40 zum Preis von drei Dollar. Gleichzeitig veräußert er von derselben Aktie zehn Kaufoptionen mit der Basis Juli 45 zu jeweils einem Dollar. Der Spread ist in diesem Beispiel negativ (Debit), denn der Anleger zahlt 3.000 Dollar und kassiert aus der verkauften Option nur 1.000 Dollar.

Der Spread kann für den Anleger durchaus auch positiv ausfallen. Dann übersteigt die Prämie aus dem Verkauf die Kosten für den Kauf der Option. Börsenprofis sprechen bei einem negativen Spread von einem Debit- oder verkauften Spread, während die positive Differenz als Credit- oder gekaufter Spread bezeichnet wird. Beim obigen Beispiel handelt es sich demnach um einen Debit-Spread, da der Anleger per saldo 2.000 Dollar zahlt.

Der Spread ist eine Strategie, die vor allem von Arbitrageuren benutzt wird, um Preisunterschiede bei einem fest kalkulierbaren Risiko auszunutzen. Bei unerwartet gegenläufigen Bewegungen können zwar Verluste entstehen, die jedoch einen bestimmten Betrag nicht übersteigen. Grundsätzlich lassen sich – je nach Börsenmeinung – folgende Regeln aufstellen:

– Optimisten (auch Bullen genannt, weil sie die Aktienkurse nach oben treiben) kaufen Spreads mit Kaufoptionen. Gleichzeitig verkaufen sie Spreads mit Verkaufsoptionen.

– Pessimisten (auch als Bären bezeichnet, die mit ihren Tatzen auf die Kurse schlagen) kaufen Spreads mit Verkaufsoptionen; auf der anderen Seite verkaufen Bären Spreads mit Kaufoptionen.

Neben der Börsenmeinung können Spreads auch danach unterschieden werden, ob Basispreise oder Laufzeiten identisch sind. Beim vertikalen Spread, auch Preis-Spread genannt, werden Optionen mit unterschiedlichen Basispreisen, aber mit gleichen Fälligkeiten ausgesucht, während zum horizontalen Spread (Kalender- oder Zeit-Spread) Optionen mit unterschiedlichen Fälligkeiten, aber gleichen Basispreisen gehören.

Der vertikale Bull-Spread

Der Bull-Spread stellt die populärste Form des Spread dar, da der Anleger hier steigende Aktienkurse erwartet. In der vertikalen Variante wird eine Kaufoption gekauft und gleichzeitig eine andere Kaufoption mit gleicher Laufzeit, aber einem höheren Basispreis veräußert. Der Vorteil eines Bull-Spread: Das Risiko ist limitiert, dafür sind aber auch die Gewinnchancen begrenzt. Bezogen auf das eingesetzte Kapital können Gewinn und Verlust relativ hoch ausfallen, doch ist das Risiko niemals größer als das investierte Geld. Bull-Spreads beginnen immer mit einem Debitsaldo, da der Anleger den niedrigeren Basispreis erwirbt und die höhere Basis verkauft.

Beispiel: Ein Investor erwartet einen Kursanstieg bei Exxon, die derzeit bei 40 Dollar notieren soll. Daran möchte er mit einer Strategie profitieren, die ihm ein geringeres Risiko bietet als der ausschließliche Erwerb einer Kaufoption. Deshalb entscheidet sich der Investor für folgenden Bull-Spread: Er kauft zehn Exxon-April-40-Kaufoptionen zu drei Dollar und verkauft zehn Exxon-April-45-Kaufoptionen zu einem Dollar, woraus sich ein Debit von zwei Dollar, insgesamt also ein Kapitaleinsatz von 2.000 Dollar ergibt. Steigt Exxon bis zum Ende der Laufzeit auf 45 Dollar, wird die April-40-Kaufoption zu fünf Dollar verkauft. Die Prämie der geschriebenen Kaufoption mit der Basis 45 (1.000 Dollar) kann der Investor behalten, weil diese Option wertlos geworden ist. Der Spread weitet sich somit um 3 Punkte aus und entspricht genau dem Gewinn. Eine tabellarische Übersicht soll

Tabelle 1 zu 5. 9

Aktienkurs am Verfalltermin	Netto-Ergebnis der April-40-Kaufoption	Netto-Ergebnis der April-45-Kaufoption	Gewinn/Verlust des Bull-Spread
35	− 3.000	+ 1.000	− 2.000
40	− 3.000	+ 1.000	− 2.000
41	− 2.000	+ 1.000	− 1.000
42	− 1.000	+ 1.000	0
44	+ 1.000	+ 1.000	+ 2.000
45	+ 2.000	+ 1.000	+ 3.000
46	+ 3.000	0	+ 3.000
50	+ 7.000	− 4.000	+ 3.000
60	+17.000	−14.000	+ 3.000

die Entwicklung verdeutlichen (Angaben in Dollar).

Das Beispiel zeigt, daß der maximal mögliche Gewinn nie 3.000 Dollar übersteigt und dann realisiert wird, wenn Exxon mindestens bis zum höheren Basispreis klettert. Hingegen macht der Anleger Verluste, wenn die Aktie am Verfalltag der Option unter 42 Dollar fällt. Das Minus kann aber nie höher ausfallen als der Spread von 2 Punkten und entspricht damit dem investierten Kapital.

In diesem Beispiel wurde eine Spread-Strategie gewählt, deren niedrigerer Basispreis am Geld und deren höherer Basispreis aus dem Geld lag. Durch Variation der Basispreise kann das Risiko vergrößert werden. Als aggressiv gilt die Auswahl von Basispreisen, die weit aus dem Geld liegen. Ein konservativer Anleger setzt dagegen auf Basispreise, die beide im Geld liegen. Spreads mit einer weit geöffneten Schere zwischen den Basispreisen bieten zwar höhere

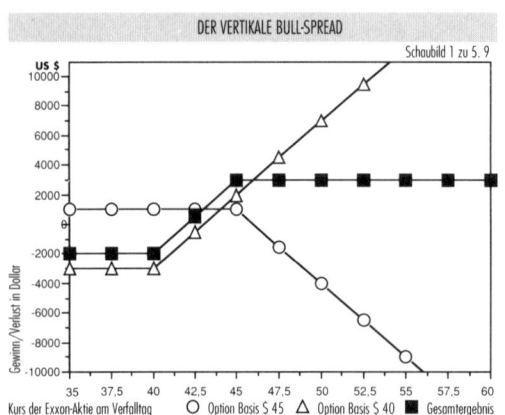

DER VERTIKALE BULL-SPREAD

Schaubild 1 zu 5. 9

Gewinn/Verlust in Dollar

Kurs der Exxon-Aktie am Verfalltag   ○ Option Basis $ 45   △ Option Basis $ 40   ■ Gesamtergebnis

Gewinnchancen, vergrößern jedoch auch das Verlustrisiko.

Als Eckdaten ergeben sich:

Maximaler Gewinn: (Höherer Basispreis minus niedrigerer Basispreis) minus Spread Debit (im Beispiel: 45 − 40 − 2 = 3 Punkte, d. h. 3000 $ für 10 Optionen)
Maximaler Verlust: Spread-Debit (2 Punkte, d. h. 2000 $ für 10 Optionen)
Gewinnschwelle: Niedrigerer Basispreis plus Spread-Debit
(40 + 2 = 42 Dollar je Aktie)

Der vertikale Bear-Spread

Da Optionen ein universell einsetzbares Investmentvehikel sind, gibt es für jede Strategie ein Pendant. Pessimistisch eingestellte Investoren (Bären oder Bears) setzen daher auf die Gegenstrategie: Sie verkaufen teure Optionen mit tieferen Basispreisen und erwerben billige Optionen mit höheren Basispreisen. Dadurch erhält der Investor per saldo einen Geldbetrag, da ein sogenannter Credit-Spread besteht. Grundsätzlich gilt, daß alle Bear-Strategien mit Verkaufsoptionen meistens ein höheres Gewinnpotential besitzen als mit Kaufoptionen.

Beispiel: Ein Anleger stuft die Pharma-Aktie Merck, die bei 80 Dollar notiert, negativ ein. Deshalb verkauft er die Merck-Juli-80-Kaufoption zu sechs Dollar und kauft gleichzeitig die Juli-90-Kaufoption zu zwei Dollar. Aus der Transaktion erhält er per saldo vier Dollar pro Aktie, insgesamt also 400 Dollar. Um die Nettoprämie in voller Höhe behalten zu können, hofft der Anleger auf das wertlose Auslaufen beider Optionen. Bei den möglichen Kursverläufen ergibt sich folgende Gewinn- und Verlustrechnung (alle Angaben in Dollar):

Der größtmögliche Gewinn kann in diesem Beispiel nie 400 Dollar übersteigen und fällt dann an, wenn Merck bei

DER VERTIKALE BEAR-SPREAD

Tabelle 2 zu 5. 9

Aktienkurs am Verfalltermin	Netto-Ergebnis der Juli-80-Kaufoption	Netto-Ergebnis der Juli-90-Kaufoption	Gewinn/Verlust des Bear-Spread
70	+ 600	− 200	+ 400
80	+ 600	− 200	+ 400
82	+ 400	− 200	+ 200
84	+ 200	− 200	0
88	− 200	− 200	− 400
90	− 400	− 200	− 600
100	−1.400	+ 800	− 600
120	−3.400	+2.800	− 600

höchstens 80 Dollar notiert. Weitet sich der Spread aus – der Aktienkurs steigt –, geht der Verlust nicht über 600 Dollar hinaus.

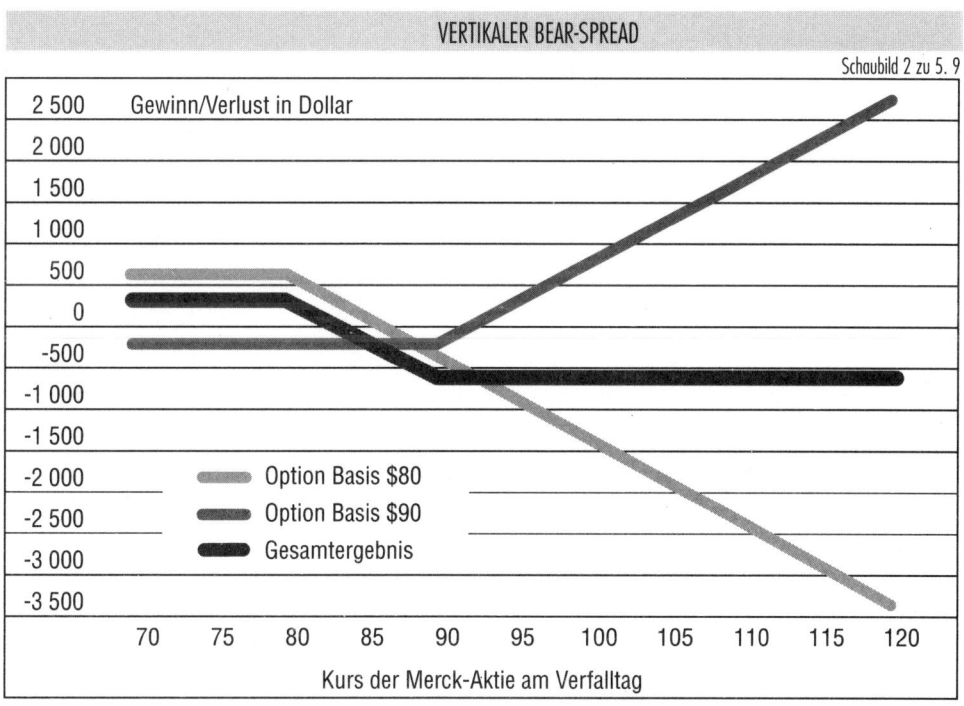

VERTIKALER BEAR-SPREAD

Schaubild 2 zu 5. 9

Gewinn/Verlust in Dollar

Option Basis $80
Option Basis $90
Gesamtergebnis

Kurs der Merck-Aktie am Verfalltag

Die Eckdaten lauten:

Maximaler Gewinn: Der Spread aus den Optionsprämien
(Im Beispiel: 400 Dollar)
Maximaler Verlust: Differenz der Basispreise minus der
eingenommenen Nettoprämie
(90 – 80 – 4 = 6 Dollar je Aktie, d. h. 600 $)

Gewinnschwelle: Niedrigerer Basispreis plus Nettoprämie
(80 + 4 = 84 Dollar)

Neutraler Kalender-Spread

Der Kalender- oder Zeit-Spread beinhaltet den Verkauf einer Kaufoption und den gleichzeitigen Kauf einer Kaufoption mit einem entfernteren Verfalltermin, wobei die Basispreise gleich sind. Im Gegensatz zum vertikalen Spread variiert hier die Fälligkeit. Da die Auslauftermine in der Wirtschaftspresse in der Regel nebeneinanderstehen, ist auch die Bezeichnung horizontaler Spread gebräuchlich.

Beim neutralen Kalender-Spread setzt der Anleger darauf, daß im Zeitablauf der Wert der kürzerlaufenden Option schneller verfällt als der Wert der Option mit der langen Laufzeit. Dadurch weitet sich der Spread aus, so daß sich bei Fälligkeit der nahen Option Geld verdienen läßt. Ein Investor, der diese Strategie fährt, erwartet einen relativ ruhigen Aktienkursverlauf.

Beispiel: Ein Anleger verkauft zehn Kaufoptionen von Ford mit dem Verfallmonat September und dem Basispreis von 40 zu drei Dollar. Gleichzeitig kauft er zehn Kaufoptionen-Dezember-40 zu vier Dollar. Die Ford-Aktie soll bei 40 Dollar notieren.

Stellt sich die Erwartung des Anlegers als richtig heraus, und Ford notiert im September bei 40 Dollar, wird die Kaufoption-September-40 wertlos. Die Dezember-40-

NEUTRALER KALENDER-SPREAD MIT VERKAUFSOPTION

Tabelle 3 zu 5. 9

Aktienkurs im September	Preis der September-Kaufoption	Netto-Ergebnis der September-Kaufoption	Preis der Dezember-Kaufoption	Netto-Ergebnis der Dezember-Kaufoption	Gewinn/Verlust des Kalender-Spread
		in Dollar			
30	0	+ 3.000	0,25	– 3.750	– 750
35	0	+ 3.000	0,50	– 3.500	– 500
37	0	+ 3.000	1,00	– 3.000	0
40	0	+ 3.000	2,50	– 1.500	+ 1.500
43	3	0	4,50	+ 500	+ 500
45	5	– 2.000	6,00	+ 2.000	0
48	8	– 5.000	8,75	+ 4.750	– 250
50	10	– 7.000	10,50	+ 6.500	– 500
60	20	–17.000	20,00	+16.000	– 1.000

Kaufoption hat dann noch eine Laufzeit von drei Monaten und dürfte 2,50 Dollar kosten. Würde der Anleger die Option glattstellen, entstünde daraus ein Verlust von zehn mal 150 Dollar, also 1.500 Dollar. Insgesamt ergäbe sich aus den Transaktionen somit ein Gewinn von 1.500 Dollar, da der Anleger für die geschriebenen Kaufoptionen zuvor 3.000 Dollar erhalten hat.

Das genaue Gewinn- und Verlustpotential läßt sich beim neutralen Kalender-Spread mit Kaufoption deshalb nicht genau bestimmen, weil die Höhe der Optionsprämien der entfernteren Option nicht exakt quantifizierbar ist. Die Tabelle geht deshalb zum Zeitpunkt der September-Fälligkeit von Schätzwerten für die Dezember-Option aus.

Schaubild 22 spiegelt die Daten der Tabelle wider. Die Kurve verläuft nicht gradlinig, sondern gekrümmt, da die Dezember-Kaufoption noch einen Zeitwert besitzt. Der maximale Gewinn liegt bei 1.500 Dollar und wird dann erreicht, wenn die Ford-Aktie am Verfalltermin der kurzlaufenden Option am Basispreis notiert. Ist der Aktienkurs weit vom Basispreis entfernt, entsteht ein Verlust, der sich gegen 1.000 Dollar bewegt. Die Gewinnzone liegt etwa zwischen Kursen von 37 und 45 Dollar.

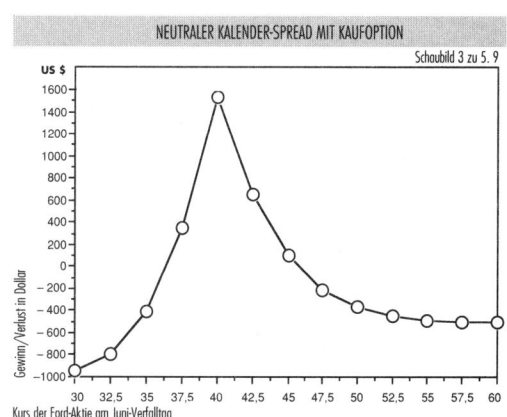

Bull-Kalender-Spread mit Kaufoption

Risikofreudige Investoren, die auf steigende Aktienkurse setzen, bevorzugen den Bull-Kalender-Spread. Ähnlich wie beim neutralen Spread wird die Kaufoption einer Aktie mit dem zeitlich näheren Verfalltermin verkauft und die Kaufoption mit längerer Laufzeit gekauft. Der Unterschied zum neutralen Spread liegt darin, daß ein Basispreis gewählt wird, der über dem aktuellen Aktienkurs liegt, also aus dem Geld ist. Attraktiv wird diese Strategie durch den relativ geringen Kapitaleinsatz sowie durch das hohe Gewinnpotential.

Beispiel: Ein Anleger rechnet bei Boeing für die nächsten Monate mit einem Kursanstieg und möchte daran mit einem Kalender-Spread partizipieren. Die Boeing-Aktie soll bei 50 Dollar notieren. Der Anleger verkauft nun zehn Boeing-August-55 Kaufoptionen zu einem Dollar und erwirbt gleichzeitig zehn Kaufoptionen-November-55 zu 1,50 Dollar, woraus sich ein Debit-Spread von einem halben Dollar je Aktie ergibt. Der Anleger hat zwei Ziele:

– Zunächst soll die zeitlich nähere Kaufoption wertlos auslaufen. Da sich die Option weit aus dem Geld befindet, ist die Chance dafür relativ hoch. Erfüllt sich die Erwartung, und der Boeing-Kurs bleibt bis zum dritten Freitag im August unter 55 Dollar, verfällt die Option, so daß sich die Nettokosten für die gekaufte November-Option durch die vereinnahmte Prämie aus der August-Option auf einen halben Dollar verringern.

Damit die November-Kaufoption eine Zeitprämie aufbaut, muß der Boeing-Kurs bis zum früheren Verfalltermin, also bis zum August, steigen. Klettert die Aktie auf 55 Dollar, wird die August-Option wertlos, wogegen die noch drei Monate laufende November-Option inzwischen 2,50 Dollar kostet. Dieser für den Anleger ideale Verlauf würde ihm ein glänzendes Ergebnis bescheren, nämlich 1.000 Dollar aus dem wertlosen Auslaufen der August-Option sowie einen Gewinn aus der glattgestellten November-Option von ebenfalls 1.000 Dollar. Auf das eingesetzte Kapital ergäbe sich somit ein Profit von 2.000 Dollar. Der Anleger könnte natürlich auch die Dezember-Kaufoption halten und durch einen weiteren Kursanstieg der Boeing-Aktie einen noch höheren Verkaufskurs erzielen.

Auch an diesem Beispiel läßt sich die Gewinn- und Verlustsituation am Verfalltermin der August-Option nicht exakt bestimmen, da die November-Option noch eine Laufzeit von drei Monaten besitzt. Nachstehende Tabelle geht deshalb von realitätsnahen Schätzwerten aus.

BULL-KALENDER-SPREAD MIT KAUFOPTION

Tabelle 4 zu 5. 9

Aktienkurs im August	Preis der August-Kaufoption	Netto-Ergebnis der August-Kaufoption	Preis der November-Kaufoption	Netto-Ergebnis der November-Kaufoption	Gewinn/Verlust des Bull-Kalender-Spread
in Dollar					
45	0	+ 1.000	0,13	− 1.370	− 370
50	0	+ 1.000	0,50	− 1.000	0
53	0	+ 1.000	1,50	0	+ 500
55	0	+ 1.000	2,50	+ 1.000	+ 2.000
56	1	0	3,25	+ 1.750	+ 1.750
58	3	− 2.000	4,50	+ 3.000	+ 1.000
60	5	− 4.000	6,00	+ 4.500	+ 500
65	10	− 9.000	10,75	+ 9.250	+ 250
70	15	−14.000	15,50	+14.000	0
80	25	−24.000	25,25	+23.750	− 250

Auffallend an dieser Strategie ist die sehr breite Gewinnzone. Bewegt sich der Boeing-Kurs im August zwischen 50 und 70 Dollar, realisiert der Anleger einen Gewinn, der bei einer Notiz von 55 Dollar seinen Höhepunkt erreicht. Steigt der Kurs über 70 Dollar oder fällt er unter 50 Dollar, fällt ein Verlust an, der aber maximal der anfänglichen Investition von 500 Dollar entspricht.

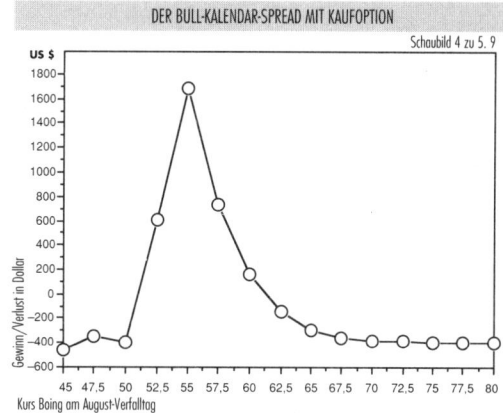

DER BULL-KALENDAR-SPREAD MIT KAUFOPTION

Schaubild 4 zu 5. 9

SPREADS MIT VERKAUFSOPTIONEN

5.10.

Spread-Strategien mit Verkaufsoptionen unterscheiden sich nicht wesentlich von Strategien mit Kaufoptionen. Auch hier können Bear- und Bull-Positionen – je nach Einschätzung der Börse – eingegangen werden. Da sich Verkaufsoptionen mehr an fallenden Aktienkursen orientieren, bieten sie eine hervorragende Alternative zu Bear-Strategien mit Kaufoptionen. Zu den einfachsten Strategien zählen der vertikale Spread mit verschiedenen Basispreisen sowie der Kalender-Spread, zwei Optionen mit unterschiedlicher Laufzeit.

Vertikaler Bull-Spread

Beim vertikalen Bull-Spread werden teure Verkaufsoptionen mit höherem Basispreis verkauft und billige Verkaufsoptionen mit niedrigerem Basispreis erworben. Dem Anleger fließt eine höhere Prämie zu, als er bei seinem Kauf aufwenden muß, es handelt sich dabei also um einen Credit-Spread.

Beispiel: Ein Anleger rechnet mit einem weiteren Kursanstieg von Boeing, die bei 47 Dollar notiert. Deshalb entscheidet er sich für einen Spread mit Verkaufsoptionen und unterschiedlichen Basispreisen. Er kauft 100 Boeing-August-45-Verkaufsoptionen zu je 1,50 Dollar, zugleich veräußert er 100 Boeing-August-50-Verkaufsoptionen zu vier Dollar, woraus sich ein Credit-Spread von 2,50 Dollar oder insgesamt 25.000 Dollar ergeben. Von dieser anfangs kassierten Prämie hofft der Anleger, so viel wie möglich behalten zu können. Steigt Boeing angenommen auf 52 Dollar, verfallen beide Optionen, und der Anleger ist um 25.000 Dollar reicher. Den möglichen Ausgang dieser Strategie am Verfalltag der Optionen zeigt folgende Tabelle am Beispiel einer Option.

VERTIKALER BULL-SPREAD MIT VERKAUFSOPTION

Tabelle 1 zu 5. 10

Aktienkurs am Verfalltag	Netto-Ergebnis pro August- 50-Verkaufsoption	Netto-Ergebnis pro August- 45-Verkaufsoption	Gewinn/Verlust des Bull-Spread
		in Dollar	
30	−160.000	+135.000	−25.000
40	− 60.000	+ 35.000	−25.000
45	− 10.000	− 15.000	−25.000
47,50	+ 15.000	− 15.000	0
50	+ 40.000	− 15.000	+25.000
55	+ 40.000	− 15.000	+25.000
60	+ 40.000	− 15.000	+25.000

In diesem Beispiel steigt der maximale Gewinn nie über die anfangs kassierte Nettoprämie von 250 Dollar je Option. Die Gewinnschwelle beginnt bei einem Boeing-Kurs von 47,50 Dollar. Rutscht die Notiz unter diese Marke, fällt ein Verlust an, der jedoch auf 250 Dollar pro Spread begrenzt ist.

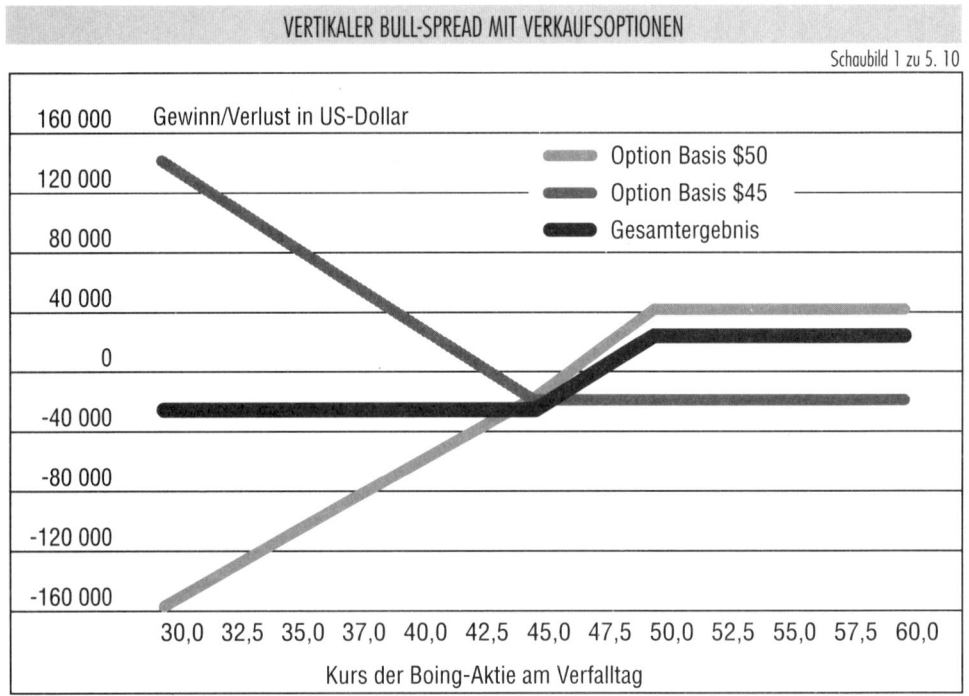

VERTIKALER BULL-SPREAD MIT VERKAUFSOPTIONEN

Schaubild 1 zu 5. 10

Die Eckdaten für einen vertikalen Bull-Spread je Option lauten:

Maximaler Gewinn: Die Nettoprämie (Spread-Credit)
(Im obigen Beispiel: 250 Punkte oder 25000 $ für 100 Optionen)
Maximaler Verlust: Differenz zwischen den beiden Basispreisen minus Spread Credit
(50 – 45 – 2,50 = 2,50 Punkte, d. h. 25000 $ für 100 Optionen)
Gewinnschwelle: Höherer Basispreis – Nettoprämie prämie
(50 – 2,50 = 47,50 Dollar)

Vertikaler Bear-Spread

Ein vertikaler Bear-Spread liegt dann vor, wenn eine Verkaufsoption mit tieferem Basispreis verkauft und eine Verkaufsoption mit höherer Basis erworben wird. Dies entspricht der gleichen Vorgehensweise wie beim Bull-Spread mit Kaufoptionen. Allerdings handelt es sich hierbei um einen Debit-Spread, also ein anfängliches Minus für den Investor, da die Option mit dem höheren Basispreis mehr kostet, als die Option mit der niedrigen Basis einbringt.

Beispiel: Innerhalb der nächsten Wochen rechnet ein Anleger mit fallenden Exxon-Kursen. Das Papier soll derzeit noch 40 Dollar kosten. Da der Anleger seine Verluste niedrig halten möchte – niedriger als beim Kauf einer Verkaufsoption –, entscheidet er sich, 50 Exxon-September-40-Verkaufsoptionen zu zwei Dollar zu erwerben und 50 Exxon-September-35-Verkaufsoptionen für einen halben Dollar zu veräußern. Für die September-40-Option wendet er 200 mal 50, also 10.000 Dollar auf, und für die verkaufte September-Option mit einer Basis von 35 Dollar erhält er eine Prämie von 50 mal 50, also 2.500 Dollar. Seine Investition beläuft sich also netto auf 7.500 Dollar. Fällt Exxon bis September auf 30 Dollar, kann der Anleger die September-40-Verkaufsoptionen zu einem Kurs von zehn Dollar abstoßen und macht damit einen Gewinn von 800 Dollar je Option, insgesamt also 40.000 Dollar. Die September-35-Verkaufsoption kann er zu fünf Dollar zurückkaufen, d. h. mit einem Verlust von 450 Dollar je Option, insgesamt also 22.500 Dollar. Netto verbleiben ihm somit 17.500 Dollar. Nachstehende Tabelle gibt Aufschluß über Gewinne und Verluste der 50 Optionen:

Auch aus dem Schaubild geht hervor, daß der maximale Gewinn im Beispiel auf 350 Dollar pro Spread begrenzt ist und nur dann anfällt, wenn der Aktienkurs unter 35 Dollar rutscht. Zieht sich der Spread zusammen – werden also beide Optionen wertlos –, muß der Anleger Verluste hinnehmen, die allerdings 150 Dollar je Spreadposition nicht übersteigen können.

VERTIKALER BEAR-SPREAD MIT VERKAUFSOPTION			
Aktienkurs am Verfalltag	Netto-Ergebnis der September 35-Verkaufsoption	Netto-Ergebnis der September 40-Verkaufsoption	Gewinn/Verlust des Bull-Spread
in Dollar			
30,0	− 22.500	+ 40.000	+ 17.500
32,5	− 10.000	+ 27.500	+ 17.500
35,0	+ 2.500	+ 15.000	+ 17.500
37,5	+ 2.500	+ 2.500	+ 5.000
40,0	+ 2.500	− 10.000	− 7.500
42,5	+ 2.500	− 10.000	− 7.500
45,0	+ 2.500	− 10.000	− 7.500
47,5	+ 2.500	− 10.000	− 7.500
50,0	+ 2.500	− 10.000	− 7.500

Tabelle 2 zu 5. 10

Die Eckdaten für den vertikalen Bear-Spread lauten:

Maximaler Gewinn: Differenz der Basispreise abzüglich der gezahlten Nettoprämie
(Im Beispiel: 40 – 35 – 1,50 = 3,50 Punkte, d. h. 17500 $ für 50 Optionen)

Maximaler Verlust: Gezahlte Nettoprämie (Debit-Spread)
(1,5 Punkte oder 7500 $ für 50 Optionen)

Gewinnschwelle: Höherer Basispreis abzüglich der Nettoprämie
(40 – 1,50 = 38,50 Dollar)

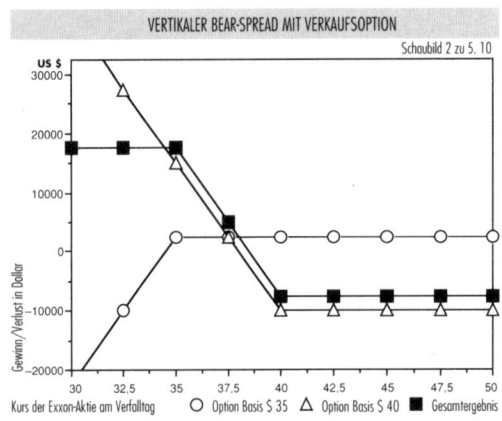

Bear-Strategien mit Verkaufsoptionen weisen gegenüber Bear-Strategien mit Kaufoptionen zwei Vorteile auf:

1. Zu einer frühzeitigen Ausübung der Verkaufsoption – zu Lasten des Anlegers – kommt es wahrscheinlich erst dann, wenn der Aktienkurs unter den tieferen Basispreis des Spread gefallen ist. Beim Spread mit Verkaufsoptionen wird jedoch eine Option geschrieben, die sich aus dem Geld befindet, so daß eine Ausübung also relativ unwahrscheinlich ist. Beim Bear-Spread mit Kaufoptionen hingegen wird eine im Geld befindliche Option geschrieben, wodurch die Wahrscheinlichkeit einer frühzeitigen Ausübung wesentlich höher ist.

2. Fällt eine Aktie sehr schnell, kann sich beim Bear-Spread mit Verkaufsoptionen der Spread ebenso rasch ausweiten. Denn Verkaufsoptionen neigen dazu, ihren Zeitwert zügig abzubauen, wenn sie einmal im Geld notieren. Angelehnt am letzten Beispiel, könnte die Exxon-Aktie etwa kurzfristig auf 33 Dollar fallen, so daß die Verkaufsoption mit Basis 35 auf 3,50 Dollar und die 40er Verkaufsoption auf 7,50 Dollar anziehen würden. Beide Optionen weisen dann nur noch eine geringe Zeitprämie auf. Der Spread hätte sich von 1,50 auf 4 Dollar erweitert, und der Anleger könnte beide Optionen mit einem Plus von insgesamt 250 Dollar je Spreadposition glattstellen.

Solche Resultate bringen Bear-Strategien mit Kaufoptionen bei kurzfristigen Kursausschlägen in der Regel nicht. Da hierbei Kaufoptionen mit tieferen Basispreisen veräußert werden, können sich bei einem schnellen Rückgang des Aktienkurses die Zeitprämien relativ langsam abbauen, wenn die Aktie vorher am Basispreis notierte. Hat der Anleger eine Option geschrieben, die sich im Geld befand, nimmt die Zeitprämie sogar zu, wenn sich der Aktienkurs in Richtung Basispreis bewegt.

Fazit: Bei kurzfristig fallenden Notierungen fährt der Anleger mit einer Verkaufsoptionsstrategie erheblich besser als mit Kaufoptionen.

82

Neutraler Kalender-Spread

Bei dieser Strategie wird die kürzer laufende Verkaufsoption veräußert und die längerfristige Option gekauft. Dem Erwerb eines neutralen Kalender-Spread liegt die Überlegung zugrunde, daß die Zeitprämie einer näheren Option schneller dahinschmilzt als bei einer längerfristigen Option. Dadurch erweitert sich der Spread, und der Anleger kann die Optionen mit Gewinn glattstellen. Das Maximum wird erreicht, wenn die Aktie am Verfalltermin genau am Basispreis der näherliegenden Option notiert.

Beispiel: Erwartet ein Anleger bei Exxon einen relativ konstanten Kurs um die 40 Dollar für die nächsten Monate, kann er mit dem neutralen Kalender-Spread an der Börse Gewinne machen. Dafür verkauft der Anleger 50 Verkaufsoptionen April 40 zum Preis von zwei Dollar je Option und erhält insgesamt dafür 10.000 Dollar. Zugleich kauft er 50 Verkaufsoptionen Juli 40 zu je drei Dollar und zahlt dafür insgesamt 15.000 Dollar.

Erweist sich die Erwartung als richtig – Exxon kostet im April 40 Dollar –, läuft die April-Verkaufsoption wertlos aus, so daß für den Anleger 200 Dollar Gewinn je Option, insgesamt also 10.000 Dollar übrigbleiben. Die Juli-Verkaufsoption läuft noch drei Monate und könnte bei zwei Dollar notieren. Eine Glattstellung, also ein Verkauf, wäre mit einem Erlös von 200 Dollar je Option oder insgesamt 10.000 Dollar verbunden, so daß dem Anleger aus dieser Transaktion ein Minus von 5.000 Dollar entsteht. Per saldo verbleibt also ein Gewinn von 5.000 Dollar. Mögliche Gewinne und Verluste lassen sich deshalb nicht genau bestimmen, weil der Kurs der längerlaufenden Verkaufsoption stark vom Zeitwert abhängt. Daher weist die folgende Übersicht nur Schätzwerte für die Juli-Verkaufsoption aus.

NEUTRALER KALENDER-SPREAD MIT VERKAUFSOPTION

Tabelle 3 zu 5.10

Aktienkurs im April	Preis der April-40-Option	Netto-Ergebnis der April-Option	Preis der Juli-Option	Netto-Ergebnis der Juli-Option	Gewinn/Verlust des Kalender-Spread
		in Dollar			
20	20	− 1.800	20,00	+ 1.700	− 100
35	5	− 300	5,25	+ 225	− 75
37	3	− 100	3,50	+ 50	− 50
38	2	0	3,00	0	0
39	1	+ 100	2,50	− 50	+ 50
40	0	+ 200	2,00	− 100	+ 100
41	0	+ 200	1,50	− 150	+ 50
42	0	+ 200	1,25	− 175	+ 25
43	0	+ 200	1,00	− 200	0
45	0	+ 200	0,50	− 250	− 50
50	0	+ 200	0,13	− 287	− 87
60	0	+ 200	0,06	− 294	− 94

Verluste aus dem Kalender-Spread sind auf die Nettoprämie von 100 Dollar pro Spread limitiert. Ein Minus tritt dann auf, wenn Exxon am Verfalltermin der kurzlaufen-

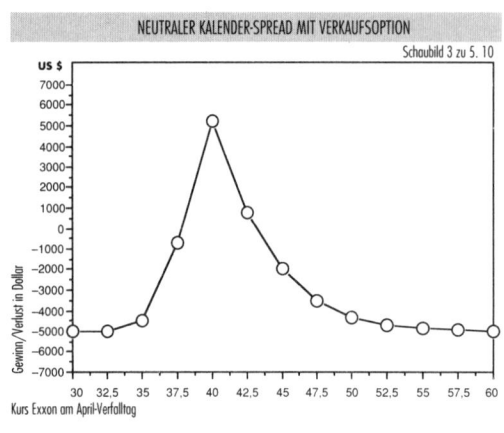

US $

Gewinn/Verlust in Dollar

7000
6000
5000
4000
3000
2000
1000
0
−1000
−2000
−3000
−4000
−5000
−6000
−7000

30 32,5 35 37,5 40 42,5 45 47,5 50 52,5 55 57,5 60

Kurs Exxon am April-Verfalltag

den April-Option weit vom Basispreis entfernt notiert. Fällt der Kurs etwa auf 20 Dollar, schrumpft die Zeitprämie des Juli-Put auf ein Minimum. Umgekehrt, wenn die Aktie deutlich über dem Basispreis liegt, sinkt der Zeitwert der längerlaufenden Option stark. Die Gewinnzone befindet sich etwa zwischen Exxon-Kursen von 38 und 43 Dollar, wobei der maximale Gewinn bei einem Aktienkurs in Höhe des Basispreises, hier also 40 Dollar, erreicht wird.

Im Vergleich zum Kalender-Spread mit Kaufoptionen schneidet der neutrale Kalender-Spread mit Verkaufsoptionen in der Regel weniger gut ab, weil der Zeitwert der Kaufoption zumeist höher ist als bei der Verkaufsoption.

Bear-Kalender-Spread

Für risikofreudige Anleger, die fallende Aktienkurse erwarten, eignet sich die Strategie des Bear-Kalender-Spread. Analog zum neutralen Spread werden hier Verkaufsoptionen mit nahen Verfallterminen geschrieben und Verkaufsoptionen mit entfernteren Fälligkeiten gekauft. Der Unterschied zum neutralen Spread liegt darin, daß eine Option mit einem Basispreis gewählt wird, die aus dem Geld ist, also eine Basis hat, die unterhalb des aktuellen Aktienkurses liegt. Das Reizvolle an dieser Strategie stellt der relativ geringe Kapitaleinsatz dar, so daß aufgrund des Hebeleffektes prozentual sehr hohe Gewinne erzielbar sind.

Beispiel: Ein Anleger rechnet bei Coca-Cola in den nächsten Monaten mit einem Kursrückgang. Die Aktie soll derzeit 57 Dollar kosten. Da er nur einen relativ geringen Geldbetrag riskieren möchte, entscheidet sich der Anleger für einen Bear-Kalender-Spread. Dabei veräußert er 100 Verkaufsoptionen von Coca-Cola August 50 zu 0,5 Dollar und kauft 100 November-50-Puts zu einem Dollar, insgesamt zahlt er also 5000 $ für beide Positionen (Debit Spread).

Um die Prämie von 5.000 Dollar aus den geschriebenen Verkaufsoptionen in voller Höhe behalten zu können, muß der August-Put wertlos auslaufen. Aufgrund des niedrigen Basispreises ist dies auch relativ wahrscheinlich. Damit die zweite Option, der November-Put, eine Zeitprämie aufbaut, ist es für den Anleger wünschenswert, daß der Aktienkurs bis August auch fällt, aber über dem Basispreis von 50 Dollar bleibt. Denn dann hat die spätere Option eine höhere Zeitprämie. Gibt Coca-Cola tatsächlich auf 50 Dollar nach, könnte die November-Verkaufsoption auf zwei Dollar steigen. Der Investor könnte dann die Verkaufsoption mit einem Gewinn von einem Dollar je Option glattstellen. Ein optimales Ergebnis, erhält er doch aus beiden Positionen zusammen einen Profit von 150 Dollar je Spread-Position, insgesamt also 15.000 Dollar auf einen Einsatz von 5.000 Dollar.

Die unterschiedlichen Laufzeiten ermöglichen dem Anleger, die Strategie am ersten Verfalltermin einer Option (hier August) fortzusetzen, wenn sich der Aktienkurs in einem starken Abwärtstrend befindet.

In der nachstehenden Tabelle ist die Bilanz des vorangegangenen Beispiels festgehalten. Auch hier kann der Preis für den November-Put am Fälligkeitstag der August-Option nur geschätzt werden.

BEAR-KALENDER-SPREAD MIT VERKAUFSOPTION					
Aktienkurs im August	Preis der August-50 Verkaufsoption	Netto-Ergebnis August	Preis der November-50 Verkaufsoption	Netto-Ergebnis November	Gewinn/Verlust des Kalender-Spread
in Dollar					
40	10	− 95.000	10,00	+ 90.000	− 5.000
45	5	− 45.000	5,25	+ 42.000	− 2.500
47	3	− 25.000	3,50	+ 25.000	0
48	2	− 15.000	3,00	+ 20.000	+ 5.000
50	0	+ 5.000	2,00	+ 10.000	+ 15.000
52	0	+ 5.000	1,00	0	+ 5.000
55	0	+ 5.000	0,25	− 7.500	− 2.500
60	0	+ 5.000	0,13	− 8.750	− 3.750

Tabelle 4 zu 5. 10

Der Anleger gewinnt mit einem pessimistisch ausgelegten Spread dann, wenn sich der Kurs von Coca-Cola zwischen 47 und 55 Dollar, also etwas unter dem Börsenkurs zum Anlagezeitpunkt, bewegt. Darüber sowie unter diesem Kurs fallen Verluste an, die sich freilich auf das investierte Kapital von 5.000 Dollar beschränken.

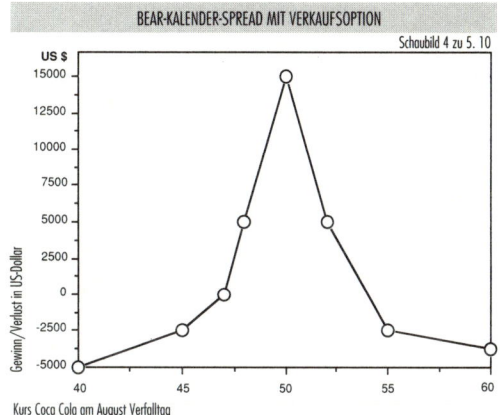

Schaubild 4 zu 5. 10

Optionen auf Aktienindizes

EIN KORB VOLLER AKTIEN: DER INDEX   6.1.

Ein Aktienindex ist eine Ziffer, die den Wert einer Gruppe von Aktien darstellt. Aktienindizes dienen in erster Linie als Maß für die Kursbewegungen bestimmter Aktien, um dadurch einen Vergleich der Börsenentwicklung in zeitlicher, branchenspezifischer und internationaler Hinsicht zu ermöglichen. Zusammengestellt und errechnet werden Aktienindizes von statistischen Ämtern, Börsen, Banken oder Finanzanalysegesellschaften.

Die Strukturbilder der Kurse im Zeitverlauf, die sogenannten Charts, nutzen Analysten zur Interpretation der Marktsituation sowie zur künftigen Kursentwicklung aufgrund der sogenannten technischen Analyse. Fondsmanagern dienen Aktienindizes als Meßlatte für den eigenen Erfolg. Als Basis für neue Finanzinstrumente wurden Aktienindizes erst in den letzten Jahren genutzt. Seitdem dienen sie nicht nur als analytisches Werkzeug, sondern werden verstärkt in Handels- und Absicherungsstrategien miteinbezogen.

Wer sich für eine Optionsstrategie mit Aktienindizes entscheidet, sollte die Zusammensetzung, die Berechnungsmethode sowie das Verlaufsmuster des gewählten Index kennen. Risikofreudige Spekulanten wählen etwa einen Index, der aufgrund hoher Schwankungen (Volatilität) den größten Gewinn verspricht. Wer auf Absicherung seiner Aktienbestände aus ist – der Hedger –, entscheidet sich für den Index, der Schutz gegen Kursrückschläge bietet.

Aktienindizes können einen gesamten Aktienmarkt repräsentieren – sämtliche Aktienkurse einer Börse gehen in die Berechnung ein – oder nur einen Teilmarkt. Dann beschränkt sich die Auswahl auf eine bestimmte Aktiengruppe. Kriterien sind etwa die Branche, die Handelbarkeit der Aktie oder die Größe eines Unternehmens. Je mehr Aktien in den Index Eingang finden, desto geringer ist ihr individueller Einfluß auf den Indexverlauf. Der Deutsche Aktienindex (DAX) besteht aus folgenden 30 Standardwerten:

Allianz Holding	Deutsche Babcock	MAN
BASF	Deutsche Bank	Mannesmann
Bayer	Dresdner Bank	Nixdorf
Bayerische Hypotheken- und Wechsel-Bank	Feldmühle	RWE
BMW	Henkel	Schering
Bayerische Vereinsbank	Hoechst	Siemens
Commerzbank	Karstadt	Thyssen
Continental	Kaufhof	Veba
Daimler	Linde	Viag
Douglas	Lufthansa	VW

Der weltweit bekannteste Index ist der Dow Jones Industrial Average (Average = Durchschnitt). Er spiegelt die Kursveränderung von 28 Industriewerten, einem Finanztitel (American Express) und einer Versorgungsaktie (AT & T) wider. Der Dow gilt trotz vieler Konkurrenz-Indizes als das wichtigste amerikanische Börsenbarometer. Trotz der großen Popularität des Dow Jones werden auf diesen Index keine Optionen gehandelt, da die Urheber, das Unternehmen Dow Jones & Company, bisher jegliche Verwendung als Grundlage des Dow für Finanzterminkontrakte ablehnt.

Ebenfalls sehr bekannt sind in den USA der Standard & Poor's 100 Index oder der New York Stock Exchange Index (NYSE), der alle Stammaktien enthält, die in Wall Street gehandelt werden. Hierzulande blicken der Commerzbank-Index sowie der FAZ-Index auf eine lange Tradition zurück, während in Großbritannien der Financial-Times-Index seit Jahrzehnten die Stimmung in der Londoner City widergibt.

Die Schöpfer von Aktienindizes nahmen es mit der Bezeichnung nicht immer so genau und warfen die Begriffe „Index" und „Durchschnitt" schlicht durcheinander. So stellt etwa der Value Line Composite Average durchaus einen Index dar, wogegen es sich beim Major Market Index in der Realität um einen Durchschnitt handelt. Indizes und Durchschnitte liegen zwar eng beieinander. Sie unterscheiden sich jedoch grundlegend in ihrer Berechnungsweise.

Das Konzept eines Aktiendurchschnitts ist einfach. Die Kurse der zugrundeliegenden Aktien werden addiert und durch die Anzahl dividiert, also ein arithmetischer Durchschnitt errechnet. Bekanntester Vertreter ist der Dow Jones Industrial Average.

Schwieriger wird es schon beim Aktienindex. Hierbei wird zunächst der Durchschnitt der zugrundeliegenden Aktien errechnet und einer Basis-Indexzahl gleichgesetzt.

Für jeden Index gibt es also einen Basiswert zu einem bestimmten Stichtag, um die Entwicklung vergleichen zu können. Dieser Wert muß nicht unbedingt die Zahl 100 sein, sondern ist willkürlich festsetzbar. Beispielsweise ist der Stichtag für den New York Stock Exchange Composite Index Silvester 1965. An diesem Tag wurde der arithmetische Durchschnitt der aggregierten Marktwerte aller im Index enthaltenen Aktien mit 50 Punkten gleichgesetzt.

Um den Indexwert in den folgenden Perioden zu bestimmen, wird täglich neu der Kursdurchschnitt berechnet und ins Verhältnis zum Basiswert gesetzt. Das Ergebnis: Eine Ziffer, der Index, die die Veränderungen des Schnittes widerspiegelt. Wenn sich also die Aktienkurse im Zeitablauf durchschnittlich verdoppeln, klettert auch der Aktienindex auf das Zweifache des ursprünglich gewählten Wertes.

Obwohl die auf einer breiten Aktienauswahl beruhenden Indizes in der Regel gemeinsam steigen oder fallen, sind die Bewegungen oft sehr unterschiedlich. Es kann sogar vorkommen, daß zwei Indizes, von den zugrundeliegenden Aktien her völlig identisch, unterschiedliche Indexzahlen aufweisen, was auf unterschiedliche Berechnungsmethoden oder Gewichtung zurückzuführen ist.

DIE REZEPTUR DES INDEX   6.2.

Bei der Berechnung eines Index werden nicht nur die Aktienkurse berücksichtigt. Dann wären kleine und große, wichtige und weniger bedeutende Gesellschaften gleichgestellt. Es ist schon ein Unterschied, ob ein Unternehmen Waren im Wert von drei Milliarden Mark oder nur 500 Millionen Mark umsetzt. Also sollte die umsatzstarke Gesellschaft einen größeren Einfluß auf den Aktienindex haben, da sie für das wirtschaftliche Wohlergehen eines Landes repräsentativer ist. Neben dem Umsatz gibt es noch andere Gewichtungskriterien wie etwa den gesamten Aktienwert eines Unternehmens, auch als Börsenkapitalisierung bezeichnet, den Gewinn oder die Anzahl der Beschäftigten.

In der Praxis haben sich drei Gewichtungsvarianten durchgesetzt: der Marktwert der Gesellschaft, der Aktienkurs und die Gleichgewichtung aller Aktien.

Gewichtung mittels Börsenkapitalisierung

Der Markt- oder Börsenwert einer Gesellschaft errechnet sich aus der Anzahl der emittierten Aktien, multipliziert mit dem Kurs des Papieres. Um den gesamten Marktwert für einen Index zu erhalten, muß für jede Aktie die Börsenkapitalisierung errechnet werden. Die Summe dieser Werte im Verhältnis zum gesamten Marktwert ergibt einen gewichteten Index, wenn dieser Quotient auf die Basiszahl des Index bezogen wird.

Folgende Formeln gelten für die Ermittlung:

Marktwert (Börsenkapitalisierung) = Aktienkurs x Anzahl ausgegebener Aktien

Gesamter Marktwert = Summe der Marktwerte aller im Index enthaltenen Aktien

$$\text{Marktgewichteter Index} = \frac{\text{Gesamter Marktwert}}{\substack{\text{Gesamter Marktwert} \\ \text{der Basisperiode}}} \times \substack{\text{Basiszahl des} \\ \text{Aktienindex}}$$

Die meisten Indizes, auf die Optionen gehandelt werden, sind nach der Börsenkapitalisierung gewichtet. Dadurch ergeben sich zwei Vorteile. Einerseits nehmen Unternehmen mit einer größeren Marktkapitalisierung auch stärkeren Einfluß auf den Indexverlauf als kleine Gesellschaften. Zudem wird das Problem von Aktiensplits eliminiert, da bei Veränderungen des Nennwerts der Marktwert nicht beeinträchtigt wird.

Gewichtung mittels Aktienkurs

Der kursgewichtete Aktienindex reflektiert Änderungen der durchschnittlichen Kurse der im Index enthaltenen Aktien, indem er ausschließlich die Kurse der einzelnen Aktien berücksichtigt. Die Gewichtung nach Aktienkursen bedeutet: Unternehmen mit hohen Aktienkursen haben einen stärkeren Einfluß auf den Indexverlauf als Gesellschaften mit niedrigen Aktienkursen.

Zudem ist der kursgewichtete Index empfindlich gegenüber Aktiensplits; der Einfluß einer Aktie auf den Index ändert sich nach einem Split. Würde beispielsweise die IBM-Aktie im Verhältnis 3 zu 1 gesplittet, würde sich ein Anstieg des IBM-Kurses nach dem Split nicht mehr so stark auswirken wie vorher.

Der bekannteste kursgewichtete Durchschnitt ist der Dow Jones Industrial Average.

Gleichgewichtung aller Aktien

Um den Einfluß hoch und niedrig notierter Aktien auf den Index auszuschließen, kann der Index auch aufgrund einer Gleichgewichtung aller Aktien berechnet werden. Der Index spiegelt dann die durchschnittliche prozentuale Veränderung der Aktie wider. Folge: Ein zehnprozentiger Anstieg einer billigen Aktie wirkt auf den Index genauso wie ein zehnprozentiges Plus der IBM-Aktie. Im Vergleich zu einem marktgewichteten Aktienindex reagiert der gleichgewichtete Index sensibler.

ANPASSUNGEN DER INDIZES AN KAPITALVERÄNDERUNGEN

Im Laufe der Zeit können sich Aktienindizes aus mehrerlei Gründen ändern. Fusionen und Übernahmen führen immer häufiger dazu, daß der Name einer Gesellschaft von der Börse verschwindet. Oder die Bedeutung eines Industriezweiges nimmt ab und macht eine Veränderung bei der Index-Zusammensetzung erforderlich. So spielte in den 20er und 30er Jahren die amerikanische Eisenbahn- und Stahlbranche noch eine überragende Rolle und war im Dow Jones Industrial Average entsprechend häufig vertreten. Heute sind die Technologie- und Chemieunternehmen für den Konjunkturverlauf wichtiger und deshalb auch stärker im Dow repräsentiert.

Neben gesamtwirtschaftlichen Verschiebungen gibt es auch technische Gründe für die Anpassung eines Aktienindex, etwa Veränderungen beim Grundkapital einer Gesellschaft, Aktiensplits oder gezahlte Dividenden. Dividendenabschläge werden zumeist wie Kursverluste behandelt, so etwa beim FAZ-Index. Beim DAX handelt es sich hingegen um einen dividendenbereinigten Index. Hier gelten sämtliche Erträge aus Dividenden oder aus Bezugsrechten als reinvestiert in diese Aktie.

WELCHE INDIZES GEHANDELT WERDEN

Während es am amerikanischen Kapitalmarkt eine Reihe von Indizes gibt, die per Termin gehandelt werden, ist an den deutschen Börsen nur der Terminhandel auf den Deutschen Aktienindex (DAX) ab Sommer 1990 möglich. Die folgenden Seiten geben eine Übersicht über handelbare Aktienindizes.

Der Deutsche Aktienindex

Der Deutsche Aktienindex (Kürzel: DAX) beruht auf dem früheren Börsen-Zeitungs-Index. Nach dem Indexkonzept sind 30 deutsche Standardwerte im DAX vertreten. Die Auswahl erfolgt nach dem Börsenumsatz, der Börsenkapitalisierung und frühen Eröffnungskursen. Der DAX wird gewichtet auf Basis des zugelassenen Grundkapitals der Unternehmen. Bei Kapitalveränderungen und Dividendenabschlägen wird der Index bereinigt. Die 30 im DAX enthaltenen Werte entsprechen etwa 80 Prozent des Börsenumsatzes und stellen gleichzeitig rund 60 Prozent des Aktienkapitals heimischer Börsengesellschaften dar. Die Basis wurde per 31. Dezember 1987 mit 1.000 Punkten definiert. Seit 1. Juli 1988 wird der DAX als Laufindex während der offiziellen Börsenzeit von 11.30 Uhr bis 13.30 Uhr jede Minute neu errechnet. Aufgrund dieser Aktualität ist der DAX der einzige deutsche Index, der auch für den Terminhandel geeignet ist. In der nachstehenden Grafik wird der Verlauf des DAX seit Sommer 1988 dargestellt.

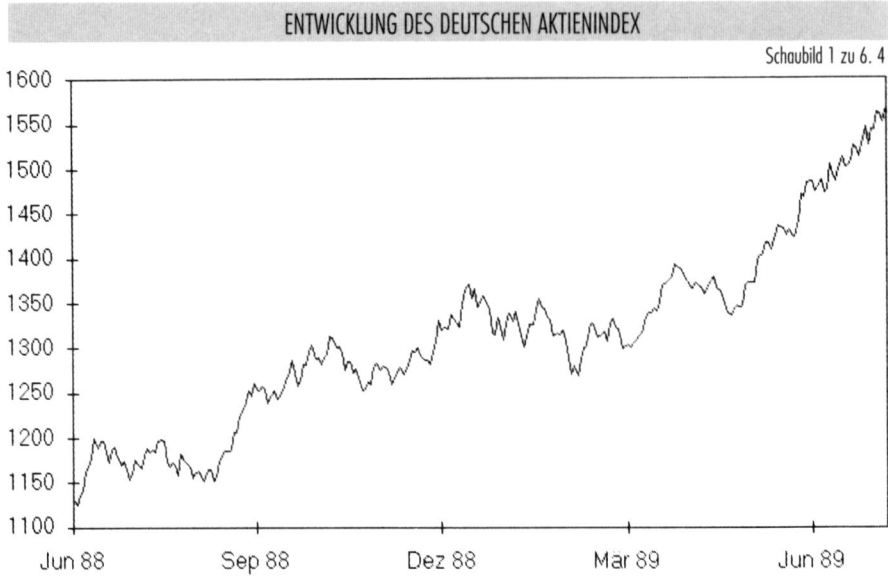

Schaubild 1 zu 6. 4

An der DTB ist für 1990 ein Terminkontrakt (Futures) auf den DAX vorgesehen, später auch eine Option auf den Index. Ein DAX-Punkt entspricht einem Gegenwert von 100 Mark. Steigt etwa der Juni-Kontrakt von 1.600 auf 1.620 Punkte, kommt das einer geldwerten Veränderung von 2.000 Mark gleich.

Als minimale Kursveränderung wurden 0,5 Indexpunkte festgelegt. Die Fälligkeiten entsprechen den Verfalldaten am Optionsmarkt, also März, Juni, September und Dezember. Als letzter Handelstag gilt der Börsentag vor dem dritten Samstag eines Liefermonates, demnach meist ein Freitag.

Um den Gewinn oder Verlust eines DAX-Kontraktes zu ermitteln, muß der gewählte Basispreis vom aktuellen Terminkurs abgezogen und mit 100 multipliziert werden. Das gilt für den Käufer sowie für den Verkäufer. Kommt ein Minus bei der Berechnung heraus, liegt der Verkäufer im Gewinn. Dank der Einführung des DAX-Terminkontrakts ist eine Reihe von Hausse-, Baisse- oder Absicherungsstrategien möglich, worauf später auch noch eingegangen wird.

US-Indizes

Der Major Market Index (Kürzel: XMI): Dieses Barometer mißt die Aktienkursveränderungen der wichtigsten US-Unternehmen aus den Bereichen Handel, Computer, Technologie, Öl und Gas, Kommunikation, Chemie, Pharmazie sowie der Investitionsgüterindustrie. 17 der 20 Titel sind auch im Dow Jones enthalten.

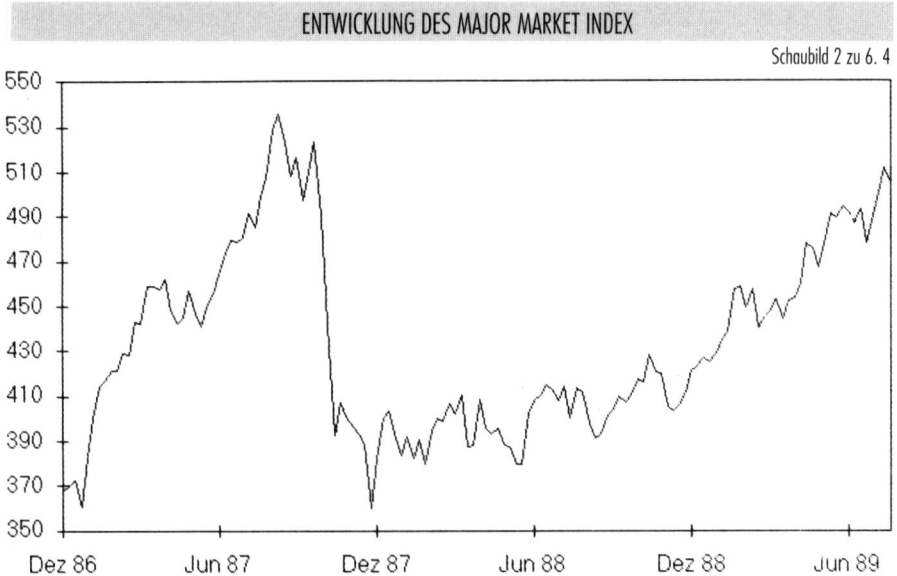

ENTWICKLUNG DES MAJOR MARKET INDEX

Schaubild 2 zu 6. 4

Der New York Stock Exchange Index (Kürzel: NYA) umfaßt alle Stammaktien, die an der New Yorker Börse gehandelt werden und den verschiedensten Branchen zugehören.

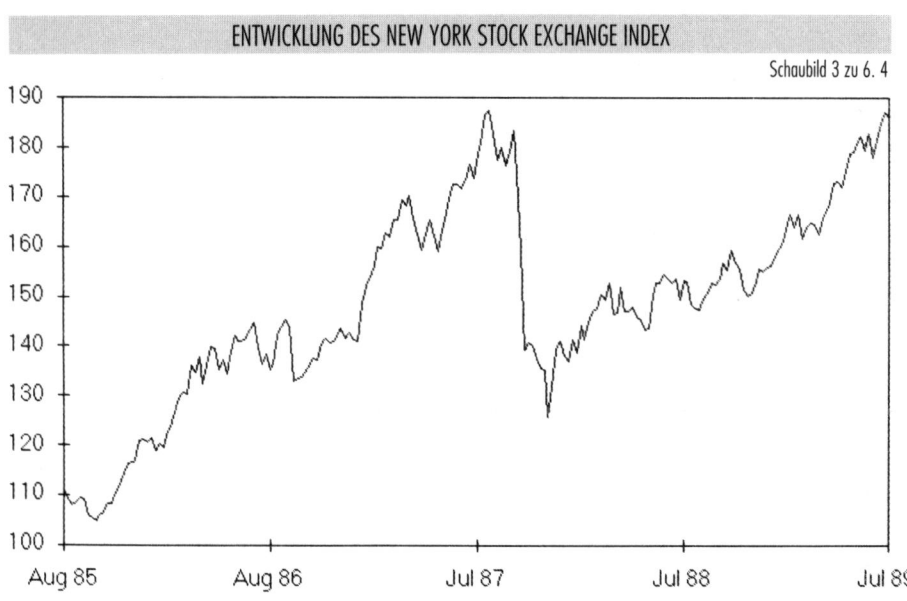

ENTWICKLUNG DES NEW YORK STOCK EXCHANGE INDEX

Schaubild 3 zu 6. 4

Standard & Poor's 100 (Kürzel: OEX): Dieser Index berücksichtigt 100 Aktien, deren Optionen an der Chicago Board Options Exchange gehandelt werden und deckt alle wesentlichen Wirtschaftsbereiche ab.

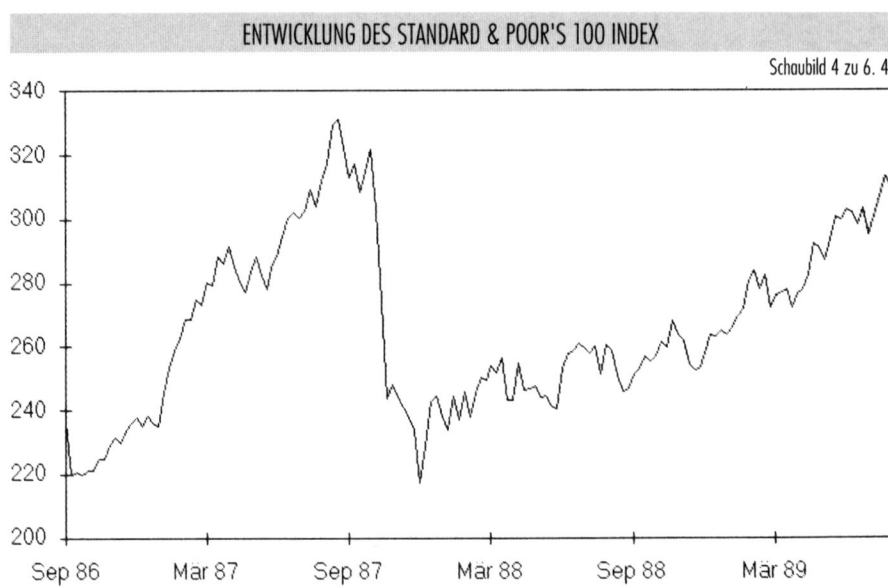

Schaubild 4 zu 6. 4

Standard & Poor's 500 (Kürzel: SPX): Auch dieser Index repräsentiert den Verlauf der wichtigsten Aktien und ist ähnlich strukturiert wie der New York Stock Exchange Index.

Schaubild 5 zu 6. 4

Value Line Composite Index (Kürzel: VLE): Value Line ist ein bekannter US-Investment-Beratungsdienst und veröffentlicht einen eigenen Index, der rund 1.700 Aktien enthält, die von der Gesellschaft ständig analysiert werden. Im Vergleich zu anderen Indizes umfaßt der Value Line auch viele kleinere Unternehmen.

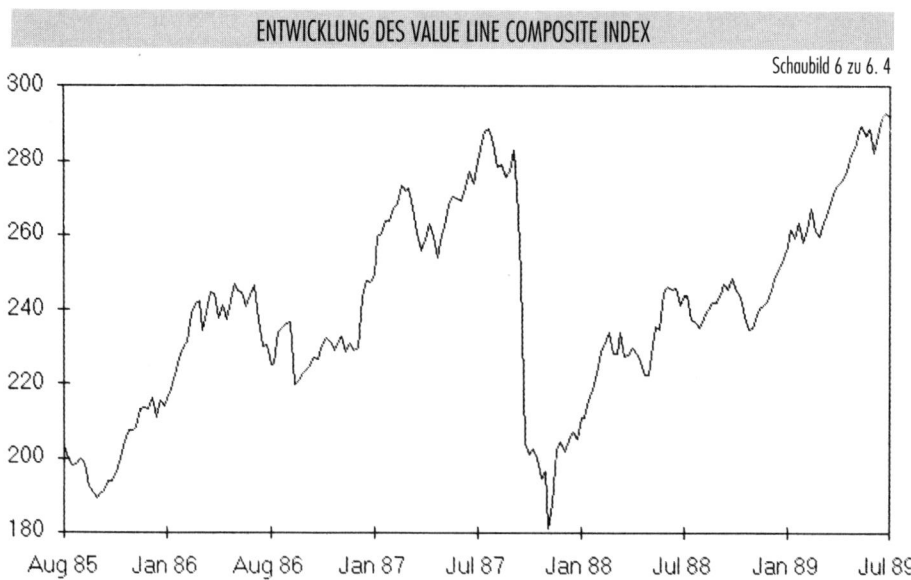

ENTWICKLUNG DES VALUE LINE COMPOSITE INDEX

Schaubild 6 zu 6. 4

Der Institutional Index (Kürzel: XII) mißt die Entwicklung der 75 Aktien, die – gemessen am Dollarvolumen – am stärksten in institutionellen Portefeuilles vertreten sind. Eine Aktie qualifiziert sich für den Index, wenn sie von mindestens 200 Fonds gehalten wird

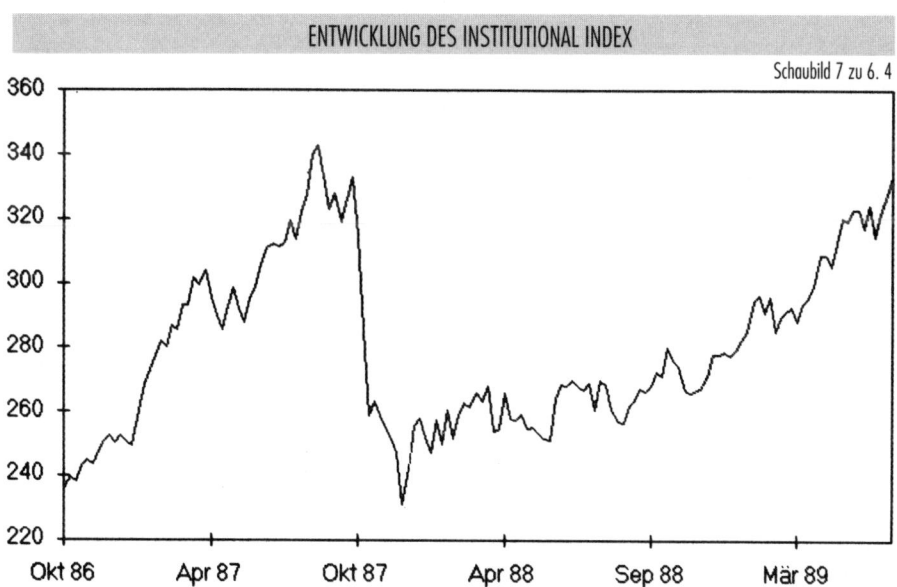

ENTWICKLUNG DES INSTITUTIONAL INDEX

Schaubild 7 zu 6. 4

und wenn in diesem Papier in den letzten beiden Quartalen jeweils mindestens sieben Millionen Titel gehandelt worden sind.

Der National Over the Counter Index (Kürzel: XOC) basiert auf den Stammaktien der 100 größten amerikanischen Unternehmen, deren Aktien von mindestens vier Spezialisten im Freiverkehr gehandelt werden und an keiner Börse notiert sind.

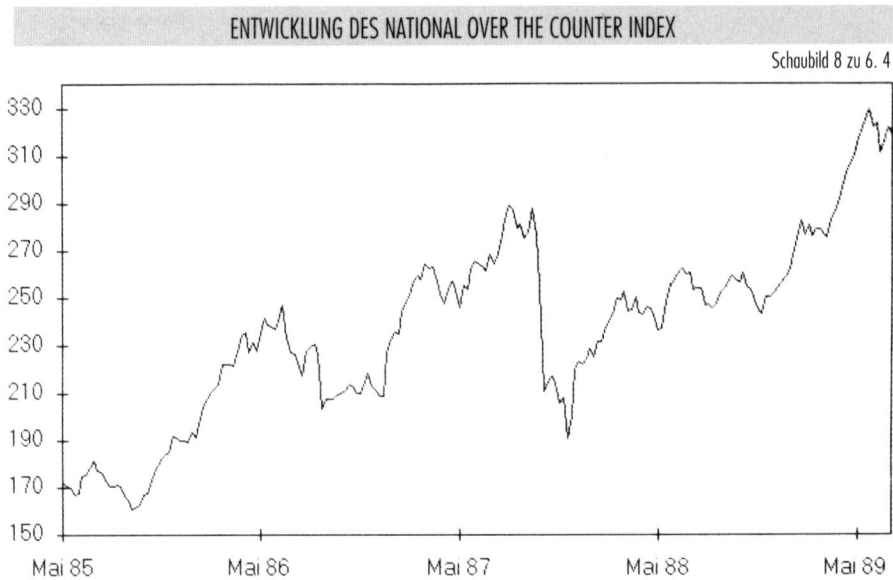

ENTWICKLUNG DES NATIONAL OVER THE COUNTER INDEX

Schaubild 8 zu 6. 4

Computer Technology Index (Kürzel: XCI): Dieser Index erfaßt die Aktien von 30 führenden US-Unternehmen, die in Verbindung mit Technologieprodukten stehen.

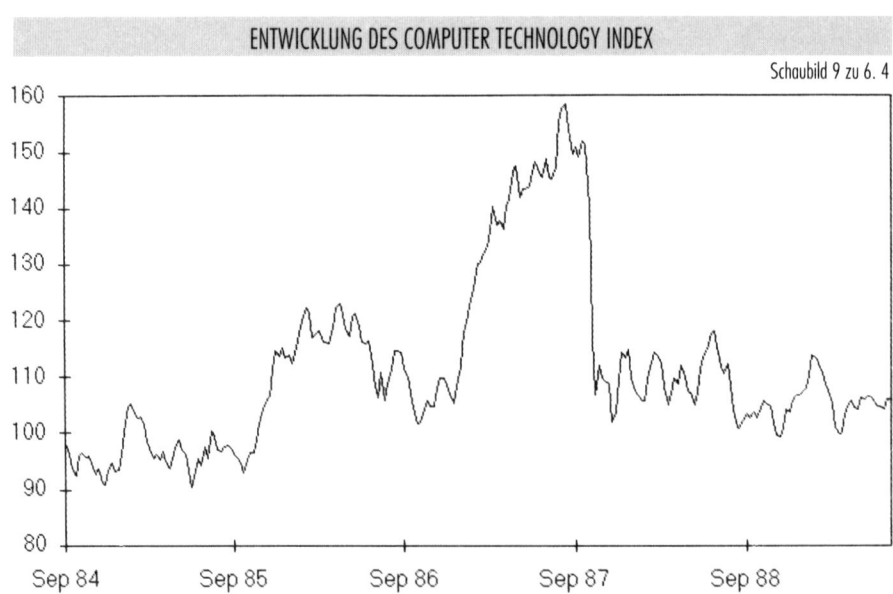

ENTWICKLUNG DES COMPUTER TECHNOLOGY INDEX

Schaubild 9 zu 6. 4

Im Gold/Silver Index (Kürzel: XAU) sind sieben Aktien aus dem Bereich Gold- und Silberminen vertreten.

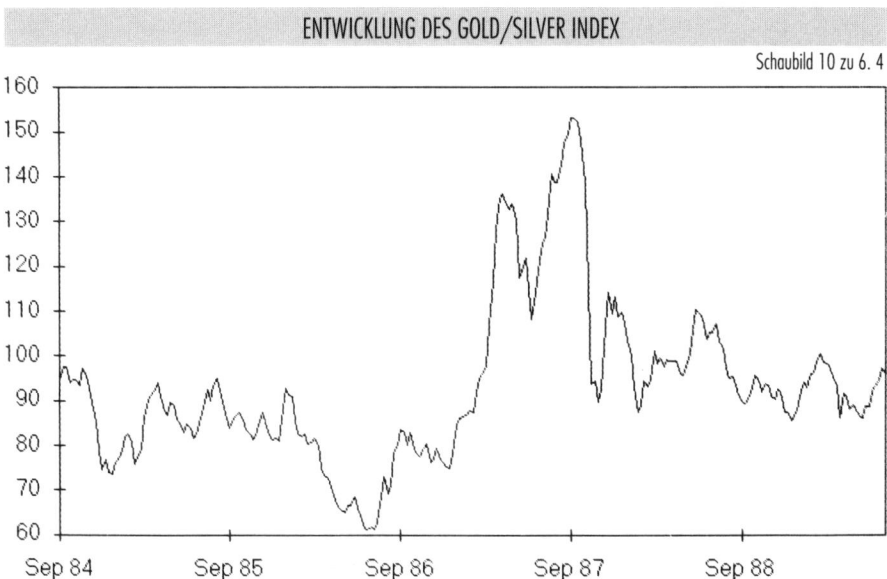

ENTWICKLUNG DES GOLD/SILVER INDEX

Schaubild 10 zu 6. 4

Der Oil Index (Kürzel: XOI) umfaßt die Veränderungen von 15 bekannten und aktiv gehandelten Ölaktien.

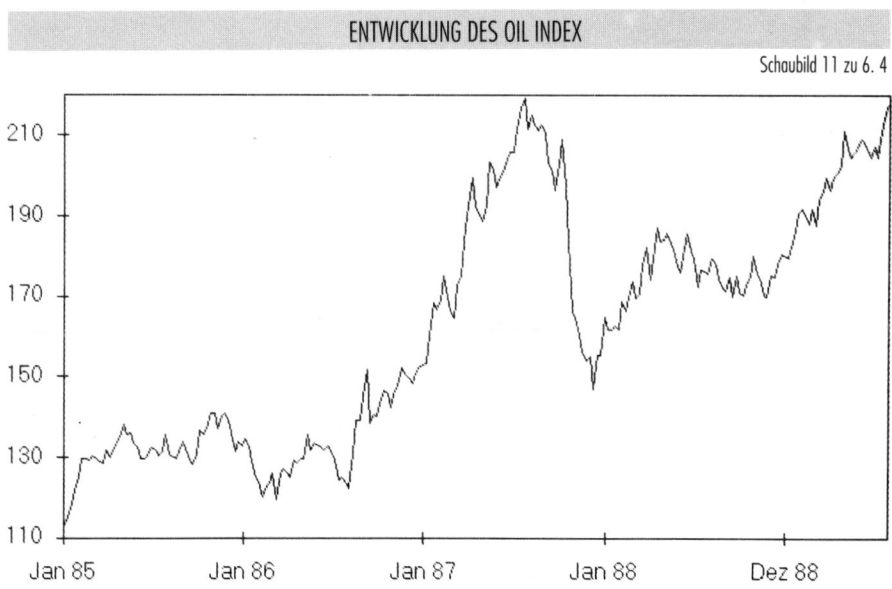

ENTWICKLUNG DES OIL INDEX

Schaubild 11 zu 6. 4

Vom <u>Utility Index</u> (Kürzel: UTY) werden die Veränderungen von 20 Versorgungstiteln gemessen.

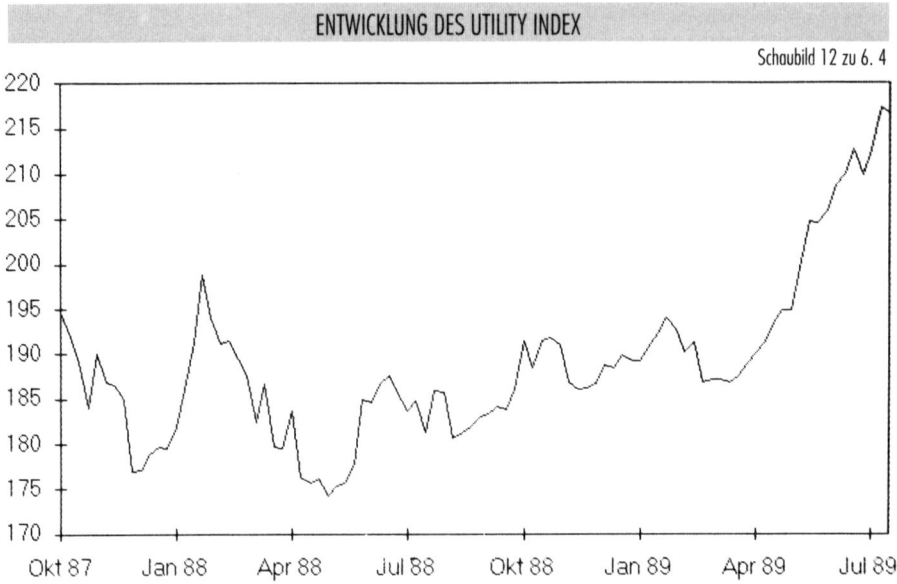

Der <u>International Market Index</u> (Kürzel: ADR) enthält 50 nicht-amerikanische Werte, die an der New York Stock Exchange, der American Stock Exchange oder im Freiverkehr gehandelt werden.

Der Financial News Composite Index (Kürzel: FNC) enthält 30 hochkapitalisierte und sehr bekannte Unternehmen aus den Bereichen Konsum-, Investitionsgüter, Transport, Finanzen, Rohstoffe und Dienstleistungen. (ohne Schaubild)

Britische Aktienindizes

Der Financial Times Index (Kürzel: FT-SE-30) ist das wichtigste und bekannteste Börsenbarometer der Londoner Börse und wurde 1935 von Richard Clark und Maurice Green für die „Financial Times" kreiert. Der FT-SE-30-Index startete bei 100 Punkten und umfaßt ungewichtet 30 führende Industrie- und Handelsunternehmen. Banken und Versicherungen sind darin nicht enthalten. Der FT-SE-30-Index wird stündlich berechnet. In Großbritannien genießt der Index die gleiche Popularität wie der Dow Jones in Wall Street.

Auch der bekanntere Financial Times Stock Exchange 100 Share Index (Kürzel: FT-SE-100) ist von der „Financial Times" entwickelt worden, und zwar 1962. Der Footsie, wie der Index in der Londoner City genannt wird, hat den etwas schwerfälligen All Share Index mit 740 Werten an Popularität inzwischen überholt. Der FT-SE-100 wurde speziell für die höheren Anforderungen an internationale Finanzinstrumente entwickelt und korrespondiert mit dem Options- und Futureshandel. Die Einführung an der Börse erfolgte 1984 mit der Indexbasiszahl 1.000. In dem Index sind die 100 größten Unternehmen nach Marktkapitalisierung vertreten, die rund 70 Prozent der gesamten Börsenkapitalisierung repräsentieren.

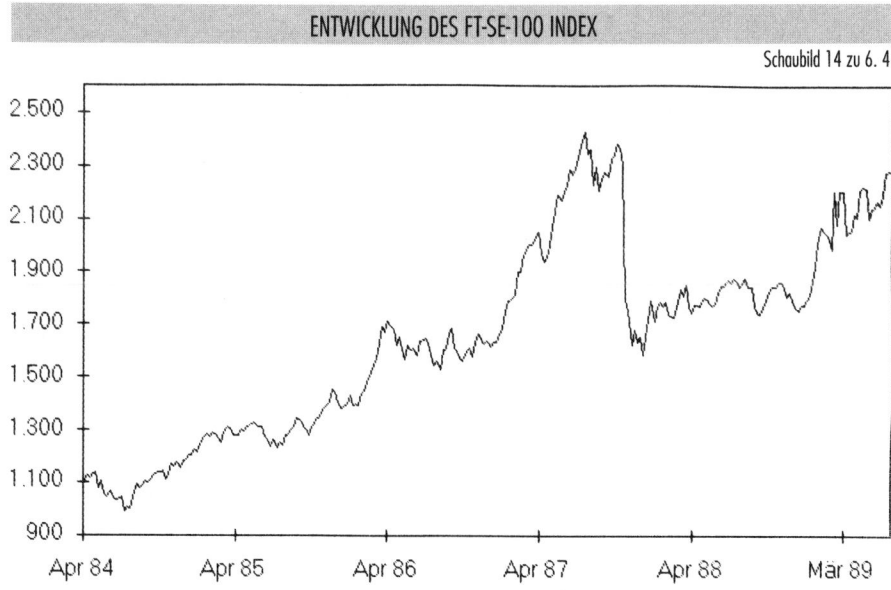

ENTWICKLUNG DES FT-SE-100 INDEX

Schaubild 14 zu 6. 4

WAS IST EINE INDEXOPTION?

Grundsätzlich ist eine Option auf einen Index genauso konstruiert wie eine Aktienoption. Sie beinhaltet für den Käufer das Recht, den Aktienkorb des zugrundeliegenden Index zum Basispreis innerhalb eines festgelegten Zeitraums zu erwerben (Kaufoption oder Call) oder zu veräußern (Verkaufsoption oder Put). Auch Indexoptionen haben schematisierte Basispreise und Verfalltermine.

Im Gegensatz zu Aktien ist ein Aktienindex jedoch nicht lieferbar. Auch ist es nicht üblich, die in dem Index enthaltenen Aktien zu liefern. So müßten etwa beim Standard & Poor's 500 immerhin 500 Aktien geliefert werden, wobei die Kapitalgewichtung dann noch gar nicht berücksichtigt wäre. Daher ist die effektive Lieferung der Aktien so gut wie ausgeschlossen, statt dessen wird aufgrund des Kontraktwertes bar abgerechnet.

Ausübung einer Indexoption

Ein Aktienindex repräsentiert ein bestimmtes Aktienpaket, für das ein Wert errechnet werden kann: der sogenannte Kontraktwert. Die Berechnung ergibt sich aus dem Indexwert, multipliziert mit der Aktienzahl eines Kontraktes (in den USA mal 100 Stück).

Notiert der Major Market Index etwa bei 390 Punkten, liegt der Kontraktwert bei 39.000 Dollar. Erwirbt ein Anleger eine Kaufoption mit Basispreis 400 und Fälligkeit September zu vier Dollar, muß er dafür eine Optionsprämie von 400 Dollar bezahlen.

Steigt der Aktienindex bis zur Fälligkeit im September auf 410 Punkte, übt der Optionsbesitzer seine Option aus, und es kommt zu einer Kassa-Abrechnung, dem sogenannten Cash-Settlement. Der Besitzer der Kaufoption erhält die Differenz zwischen dem aktuellen Kontraktwert und dem Basispreis, in dem Beispielsfall also 1.000 Dollar (41.000 – 40.000). Nach Abzug der Prämie bleibt ein Gewinn von 600 Dollar übrig.

Bei der Erfüllung von Optionen auf Aktienindizes findet also keine physische Lieferung statt, sondern eine Barzahlung in Höhe des Differenzwertes. Die Definition von Indexoptionen lautet deshalb:

Eine Kaufoption auf einen Aktienindex gibt dem Besitzer das Recht, den Betrag in bar zu erhalten, den der Index-Kontraktwert am Ausübungstermin über dem Basispreis-Kontraktwert liegt.

Eine Verkaufsoption auf einen Aktienindex verleiht dem Besitzer das Recht, den Betrag in bar zu erhalten, den der Index-Kontraktwert am Ausübungstermin unter dem Basispreis-Kontraktwert liegt.

Der Inhaber einer US-Indexoption kann diese täglich bis 16.10 Eastern Time (Ost-Zeit) vor dem Verfalltermin ausüben. Die Abrechnung erfolgt dann zum Schlußkurs des jeweiligen Handelstages. Hierzu ist nur die Benachrichtigung des Brokers erforderlich, der das Verrechnungshaus (Options Clearing Corporation) in Kenntnis setzt. Eine frühzeitige

Ausübung wird dem Verkauf der Option an der Börse immer dann vorgezogen, wenn die Indexoption mit einem Abgeld gehandelt wird.

Allerdings können nicht alle Indexoptionen während der Laufzeit ausgeübt werden. Beim Institutional Index etwa hat der Anleger lediglich die Möglichkeit, die Option bis zum Verfalltermin zu halten oder an der Börse zu verkaufen; die Ausübung ist nur am Verfalltag zulässig. Solche Kontrakte werden auch als europäische Optionen bezeichnet im Gegensatz zu den amerikanischen Optionen, die immer ausgeübt werden können.

Bei Strategien mit Indexoptionen kann die frühzeitige Ausübung problematisch sein. Bei Spreads beispielsweise kann sich das Risiko durch eine vorzeitige Andienung vergrößern. Normalerweise beschränkt sich das mit einem Spread verbundene Risiko auf die gezahlten oder erhaltenen Prämien. Erfährt der Anleger jedoch erst einen Tag später von der Ausübung einer Option, also einer Spread-Seite, kann die Kursentwicklung bis dahin so stark gegen ihn gelaufen sein, daß er Verluste macht.

Weitere Besonderheiten von Indexoptionen gegenüber Aktienoptionen gibt es bei den Basispreisen sowie bei den Positionslimits.

Basispreis und Verfalltermine

Bei Indexoptionen in den USA werden Basispreise in Intervallen von fünf Punkten gesetzt. Eine Ausnahme bildet der New York Stock Exchange Index, der Abstände von 2,5 Punkten aufweist.

Anders als Aktienoptionen haben amerikanische Optionen auf einen Aktienindex nicht immer Verfalltermine im Abstand von drei Monaten, sondern – je nach Bedarf – von zwei Monaten oder gar monatsweise Fälligkeiten.

Letzter Handelstag der Indexoptionen ist der dritte Freitag im Verfallmonat. Wird die Option nicht vorher glattgestellt, wird im Rahmen der Kassa-Abrechnung die Differenz zwischen dem Basispreis und dem aktuellen Aktienindex festgestellt. Grundlage bildeten bis 1987 die Schlußkurse am letzten Handelstag. Doch da alle drei Monate am selben Tag auch noch Terminkontrakte und Aktienoptionen fällig werden (bei Börsenprofis heißt das „Triple witching hour", zu deutsch: dreifacher Hexensabbat) und das Geschehen dann sehr hektisch ist, werden für einige Indizes nun auch die Eröffnungskurse bei der Kassa-Abrechnung herangezogen.

Positionslimits

Um einen zu starken Einfluß einzelner Investoren auf den Markt zu verhindern – erinnert sei nur an den spektakulären Versuch der Hunt-Brüder 1980, den Silbermarkt zu kontrollieren –, hat in den USA die Security Exchange Commission (SEC) auch Höchstgrenzen zum Erwerb und zur Ausübung von Index-Optionskontrakten gesetzt. Das Maximum liegt bei 15.000 Kontrakten auf einer Seite des Marktes. Besitzt also ein Investor bereits 10.000 Kaufoptionen, darf er nicht mehr als 5.000 Verkaufsoptionen verkaufen, da dies die gleiche Seite des Marktes, nämlich die Kaufposition, betrifft. Bei nicht so liquiden Branchenindizes können die Positionslimits noch niedriger liegen. Auch an der DTB werden Höchstgrenzen für Positionen in Optionen und Futures festgelegt.

Prämiennotierungen

Zwar sind die Optionspreise dort in Erfahrung zu bringen, wo sie gekauft werden, nämlich bei der Bank oder beim Broker. Doch dürfte die Auskunftsfreude mit der Häufigkeit der Anfragen schnell sinken. Die deutsche Wirtschaftspresse bietet nur eine geringe Auswahl von Optionspreisen auf Aktienindizes. Das „Handelsblatt" veröffentlicht immerhin regelmäßig die Aktienindex-Optionskontrakte auf den Standard & Poor's 100 sowie auf den Major Market Index. Sehr ausführlich informiert das „Wall Street Journal" in seinen börsentäglichen Ausgaben über die Entwicklung der Optionsprämien auf Aktienindizes.

6.6.   WAS SPRICHT FÜR EINE INDEXOPTION?

Liquider Markt zum Handeln

Wie Aktienoptionen können Indexoptionen bis zum letzten Handelstag börsentäglich ge- und verkauft werden. Offene Positionen werden durch ein Gegenschäft einfach geschlossen. Aufgrund des funktionierenden Handels ist der Investor bei seinen Entscheidungen sehr flexibel. Erwartet er etwa innerhalb der nächsten drei Monate eine starke Aufwärtsbewegung an der Börse, wird er dreimonatige Indexoptionen erwerben. Geht die Prognose schon nach einem Monat auf, kann die Option noch mit einem erheblichen Zeitwert verkauft werden. Immerhin entsprechen 30 Punkte Kursveränderung im Dow Jones Industrial Average ungefähr sechs Punkten im Major Market Index. Dessen Indexoptionen können sich bei solchen Sprüngen durchaus verdoppeln oder verdreifachen – je nach Auslauftermin und Basispreis.

Grundlage für Anlagestrategien ist ein liquider Markt für die Indexoption. Zwar dürfte ein Kleinanleger mit seinen relativ wenigen Kontrakten kaum auf Schwierigkeiten bei der Ausführung treffen. Institutionelle Investoren wie Versicherungen oder Investmentfonds haben da schon größere Mühe, ihre Konzepte durchzusetzen. Die Liquidität einer Indexoption ist von mehreren Komponenten abhängig.

Die Qual der Wahl: Der richtige Index

In den USA zählt der Standard & Poor's 100 zu den meistgehandelten Indexoptionen. Weit dahinter rangieren der Standard & Poor's 500 sowie der Major Market Index. Die folgende Statistik von September 1988 gibt einen Überblick über die Marktbreite amerikanischer Indexoptionen.

Das Volumen der gehandelten Indexoptionen ist auch von ihrer Optionsklasse abhängig, das heißt, ob es sich um Kauf- oder Verkaufsoptionen handelt. Tendenziell ziehen die Anleger Kaufoptionen vor. Das Verhältnis zwischen Verkaufs- und Kaufoptionen (Put/Call-Ratio) wird auch als Indikator für die Börsenstimmung herangezogen.

Je nach Länge der Laufzeit verändert sich auch die Zahl der gehandelten Optionen. Generell sind Optionen mit nahen Verfallterminen liquider als Optionen mit entfernteren Fälligkeiten, was nachstehende Statistik vom Major Market Index am 2. September 1988 unterstreicht.

Der Abstand des Basispreises vom aktuellen Indexwert ist ebenfalls wichtig für die Liquidität einer Optionsserie. Tendenziell weisen Optionen, die am Geld notieren, die höchste Liquidität auf. Je weiter die Option aus dem Geld liegt, desto mehr nimmt der Liquiditätsgrad ab.

Nebenstehende Übersicht zeigt die gehandelten Kaufoptionen auf den Major Market Index vom 2. September 1988. Das marktbreite Börsenbarometer schloß an diesem Tag bei 401,66 Punkten.

UKMSATZ VON US-INDIZES

Tabelle 1 zu 6. 6

Index	Durchschnittliches Tagesvolumen	
	Kaufoptionen	Verkaufsoptionen
Standard & Poor's 100	101.161	86.042
Standard & Poor's 500	14.230	12.418
Major Market Index	12.363	10.462
Institutional Index	1.740	1.643
NYSE Index	1.226	1.706
Financial News Index	605	556
Utility Index	229	133
Value Line Index	92	126
Gold/Silver Index	52	27
Oil Index	43	31
Computer Technology	11	2
National over the Counter Index	3	2

UMSATZ VON OPTIONEN MIT UNTERSCHIEDLICHER LAUFZEIT

Tabelle 2 zu 6. 6

Verfalltermin	Anzahl der gehandelten Kaufoptionen
September	15.325
Oktober	1.151
November	15

UMSATZ VON OPTIONEN MIT UNTERSCHIEDLICHEN BASISPREISEN

Tabelle 3 zu 6. 6

Basispreis	Anzahl der gehandelten Kaufoptionen
380	31
385	74
390	554
395	2.441
400	3.398
405	3.442
410	2.776
415	1.425
420	667
425	304
430	105
435	20
440	15

Spekulation auf den Gesamtmarkt

Die Aufwärtsbewegung der Weltbörsen im Zeitraum von 1982 bis zum Crash im Oktober 1987 vergrößerte das Interesse der Anleger an Optionsgeschäften. Viele Investoren nutzten in erster Linie Aktienoptionen, um prozentual höhere Gewinne zu erzielen oder um damit ihre Aktienbestände gegen temporäre Rückschläge zu sichern.

Je nach Konjunkturphase wurden einzelne Branchen stärker favorisiert. Marktführer wie IBM oder General Motors zeigten sich phasenweise in einer schwächeren Verfassung als der Gesamtmarkt. Von Oktober 1985 bis März 1986 legte der Dow Jones rund 20 Prozent zu, General Motors dagegen gewann nur drei Prozent. IBM mußte sogar ein Minus von fünf Prozent hinnehmen. Jeder Anleger hätte vor diesem Anstieg wohl gedacht, daß die beiden Aktien bei einer freundlichen Börsenphase ebenfalls kräftig zulegen würden.

Darin kommt die Problematik der Aktienauswahl sowie die typische Entscheidungsweise der Investoren zum Ausdruck. Zunächst werden die allgemeinen Perspektiven für die Börse beurteilt, im zweiten Schritt wird eine bestimmte Aktie ausgewählt. Das Gesamtrisiko besteht somit aus zwei Faktoren: aus der Markteinschätzung und der Aktienauswahl. Diese Vorgehensweise kann zu vier Erscheinungsbildern führen:
- Falsche Markteinschätzung, falsche Aktienauswahl. Folge: Verlust
- Falsche Markteinschätzung, richtige Aktienauswahl. Folge: Gewinn
- Richtige Markteinschätzung, falsche Aktienauswahl. Folge: Verlust
- Richtige Markteinschätzung, richtige Aktienauswahl. Folge: Gewinn

Häufig schätzt ein Anleger den Markt durchaus richtig ein, wählt aber die falsche Aktie. Einen Ausweg aus diesem Dilemma bieten Indexoptionen. Sie ermöglichen, das Gesamtrisiko auf eine Fehlerquelle zu reduzieren: auf die Markteinschätzung. Eine Aktienauswahl ist nicht mehr nötig; entscheidend ist die Beurteilung der Börse. Natürlich sind Aktien und Optionen sehr unterschiedliche Anlageformen. Inwieweit Kassa- oder Terminmarktinstrumente verwandt werden, richtet sich auch stark nach der Mentalität des Anlegers. Der größte Nachteil der Optionen liegt in ihrer zeitlichen Beschränkung. Die prognostizierte Börsenentwicklung muß innerhalb der Laufzeit auftreten, sonst kann sich ein Totalverlust – die gezahlte Prämie – einstellen. Dagegen können bei Aktien längere Durststrecken durchge-

PRÄMIEN- UND KURSENTWICKLUNG BEIM MAJOR MARKET INDEX			
			Tabelle 4 zu 6. 6
Kaufoption	Kurs am 1.9.88	Kurs am 2.9.88	Veränderung
	in Dollar		in Prozent
September 390	7,00	15,25	+118
September 395	4,50	10,38	+131
September 400	2,75	7,13	+159
Oktober 390	12,75	18,63	+ 46
Oktober 395	9,63	15,25	+ 58
Oktober 400	7,25	12,25	+ 69
Verkaufsoption			
September 390	6,25	2,00	− 68
September 385	4,13	1,19	− 71
September 380	2,94	0,69	− 77
Oktober 390	10,50	6,00	− 43
Oktober 385	9,00	5,00	− 45
Oktober 380	6,75	3,25	− 52

halten werden. Für einen Anleger liegt die Attraktivität von Indexoptionen in der Chance, bezogen auf das eingesetzte Kapital, erhebliche Gewinne zu erzielen. Mit einem relativ geringen Betrag kann ein weitaus höherer Kontraktwert gekauftoder verkauft werden. Dieser Mechanismus wird Hebel- oder Leverage-Effekt genannt. Wie stark die prozentualen Gewinne oder Verluste ausfallen, hängt nicht nur vom Verlauf des zugrundeliegenden Index ab, sondern natürlich auch von den gewählten Basispreisen sowie von den Verfallterminen.

Als Beispiel soll die starke Aufwärtsbewegung in Wall Street am 2. September 1988 dienen. Damals stieg der Major Market Index um 11,06 auf 401,66 Punkte. Tabellarisch ist die Entwicklung der Kauf- und Verkaufsoptionen bei unterschiedlichen Verfallterminen und Basispreisen wiedergegeben.

Risikominimierung

Der Aktienanleger sieht sich ständig dem Risiko entgegengesetzter Kursbewegungen ausgesetzt. Wer auf steigende Notierungen spekuliert, sieht die Gefahr fallender Kurse. Wer via Leerverkäufe auf eine Baisse setzt, fürchtet sich vor steigenden Notierungen. Dieses Risiko setzt sich aus zwei Teilen zusammen: dem unsystematischen und dem systematischen Risiko.

Zu den fundamentalen Risiken einer Aktie zählen unternehmensspezifische Vorgänge, beispielsweise eine unerwartet starke oder schwache Ertragsentwicklung oder eine fehlerhafte Produktgestaltung. Das mit dem Aktienkauf verbundene individuelle Risiko kann durch Erwerb mehrerer unterschiedlicher Papiere, durch Diversifikation, eliminiert werden. In einem gut diversifizierten Portefeuille können unerwartete Kursrückschläge bestimmter Aktien durch Kursanstiege anderer Titel ausgeglichen werden. Besonders Investmentfonds, die ihr Vermögen breit streuen, gelingt es, das unternehmensspezifische Risiko zu eliminieren.

Systematisches Risiko

Durch Streuung kann jedoch nur ein Teil des Gesamtrisikos gemindert werden. Der andere Teil besteht aus der allgemeinen Börsentendenz, die sich im Verlauf der Aktienindizes widerspiegelt. Denn letztlich wird der Verlauf von Aktienkursen nicht nur durch unternehmensspezifische Ereignisse bestimmt, sondern auch von der Stimmung am Gesamtmarkt. Einfluß auf Wirtschaft und Börse haben vor allem Änderungen in der Wirtschafts-, Geld- und Finanzpolitik. Der Börsenkrach vom Oktober 1987 etwa ist sicher nicht darauf zurückzuführen, daß die amerikanischen Unternehmen von heute auf morgen niedrigere Gewinne erzielten. Vielmehr hatten sich schon in den Monaten vor dem Crash die wirtschaftlichen Rahmenbedingungen wesentlich verschlechtert. So stiegen die langfristigen US-Zinsen auf über zehn Prozent; das amerikanische Handelsbilanzdefizit weitete sich aus, und der schwache Dollar vergrößerte die Gefahr einer höheren Inflation.

Umgekehrt kann der Anstieg des Dow Jones im Zeitraum von Oktober 1985 bis März 1987 um 30 Prozent nicht allein mit rapide gestiegenen Unternehmensgewinnen erklärt werden. Hier spielten vielmehr die stark gefallenen Zinsen eine entscheidende Rolle.

Solche Entwicklungen können nicht durch Diversifikation neutralisiert werden. Vielmehr bieten sich Indexoptionen oder Terminkontrakte zur Absicherung an. Die Optionsprämie wird dabei wie eine Versicherungsprämie angesehen. Ein Investor erwirbt so viele Optionen, daß deren gesamter Kontraktwert dem Volumen seines Aktienportefeuilles entspricht. Long-Positionen werden durch den Kauf von Verkaufsoptionen, Short-Positionen durch den Kauf von Kaufoptionen abgesichert. Sinnvoll ist eine Index-Absicherung nur dann, wenn das Portefeuille aus einer breiten Streuung verschiedener Aktien besteht.

6.7. HEDGEN HEISST ABSICHERN

Ähnlich wie der Spekulant muß auch ein Hedger (Hedge = Hecke, Schutz) den künftigen Verlauf eines Aktienmarktes einschätzen, den passenden Index suchen und dann die geeigneten Optionen auswählen. Im Unterschied zum Spekulanten muß der Hedger zweierlei Positionen beobachten: die seines Portefeuilles und die der Indexoptionen. Beide Positionen müssen genau aufeinander abgestimmt sein, damit das Depot auch wirksam abgesichert ist. Ziele von Hedging-Strategien mit Indexoptionen sind:
– Absicherung von Portefeuilles gegenüber fallenden Kursen;
– Absicherung von einzelnen Aktien, wenn es keine Optionen auf diese Aktien gibt;
– Zusätzliche Einnahmen aus dem Schreiben von Aktienoptionen.

Die Absicherung eines Portefeuilles gegen Kurseinbußen läßt sich am besten an Hand eines Beispieles darstellen. Ein Anleger hat sein Vermögen auf die drei Aktien D, E und F verteilt und erwartet in den nächsten Wochen eine stärkere Korrektur. Da er jedoch nur mit einem kurzfristigen Kurseinbruch rechnet, möchte sich der Anleger allein aus Spesengründen nicht von seinen Papieren trennen. Da für die Aktien D und F keine Optionen existieren, entschließt sich der Investor zum Kauf einer Index-Verkaufsoption.

Das abzusichernde Depot setzt sich aus folgenden Papieren zusammen:

Zur Absicherung wählt der Investor Optionen auf den Major Market Index mit einer Laufzeit von zwei Monaten. Der Index soll bei 400 Punkten notieren. Um die Anzahl der benötigten Optionen zu bestimmen, wird der Depot-

ABSICHERUNG EINES MUSTERDEPOTS			
			Tabelle 1 zu 6.7
Aktie	Anzahl	Kurs	Marktwert
		in Dollar	
D	1.000	70	70.000
E	1.400	50	70.000
F	2.000	30	60.000
Gesamter Marktwert			200.000

Wert durch den Kontraktwert des Major Market Index von 40.000 Dollar dividiert (20.0000 : 40.000 Dollar = 5 Optionen).

Der Anleger kauft also fünf Verkaufsoptionen auf den Major Market Index Oktober mit der Basis 400 zum Preis von jeweils neun Dollar. Dafür zahlt er insgesamt 4.500 Dollar.

Bis Oktober ist der Major Market Index um zehn Prozent auf 360 Punkte gefallen. Dem Verlust des Aktiendepots von 20.000 Dollar steht ein Gewinn aus der Verkaufsoption von 15.500 Dollar gegenüber, der sich wie folgt errechnet:

Kurs der Verkaufsoption: 400 – 360 = 40 Dollar

Wert der fünf Verkaufsoptionen: 20.000 Dollar
abzüglich gezahlter Prämie 4.500 Dollar

Gewinn aus den Optionen: 15.500 Dollar

Gesamtverlust: 20.000 – 15.500 = 4.500 Dollar

Der im Aktienportefeuille erlittene Verlust konnte durch die Absicherung via Verkaufsoption auf den Major Market Index um 77,5 Prozent auf 4.500 Dollar reduziert werden. Das entspricht der Höhe der Optionsprämie. Die Tabellen sollen die Entwicklung des Portefeuilles bei unterschiedlichen prozentualen Marktbewegungen wiedergeben.

ERGEBNIS EINER ABSICHERUNG MIT EINER INDEX-OPTION

Tabelle 2 zu 6.7

Veränderung der Börse	Wert des Depots	Gewinn/ Verlust des Depots	Kurs des Major-Major Index	Kurs der Verkaufs-optionen	Gesamtwert der Ver-kaufs-optionen	Gewinn/ Verlust der Optionen	Gesamter Gewinn/ Verlust	Gesamter Gewinn/ Verlust
in Prozent	in Dollar							in Prozent
– 20	160.000	– 40.000	320	80	40.000	+ 35.000	– 4.500	– 2,25
– 10	180.000	– 20.000	360	40	20.000	+ 15.500	– 4.500	– 2,25
0	200.000	0	400	0	0	– 4.500	– 4.500	– 2,25
+ 2,25	204.500	+ 4.500	409	0	0	– 4.500	0	0
+ 10	220.000	+ 20.000	440	0	0	– 4.500	+ 15.500	+ 7,75
+ 20	240.000	+ 40.000	480	0	0	– 4.500	+ 35.500	+ 17,75

Der maximale Verlust kann die gezahlte Optionsprämie von 4.500 Dollar oder 2,25 Prozent nicht überschreiten. Steigt die Börse im Schnitt um 2,25 Prozent, sind die Kosten der Option gedeckt; das Portefeuille schließt neutral ab. Steigen die Notierungen weiter, partizipiert der Anleger daran in voller Höhe. Die Gewinnschwelle beim Major Market Index liegt bei 409 Punkten. Diese Absicherungsstrategie hat grafisch folgendes Aussehen:

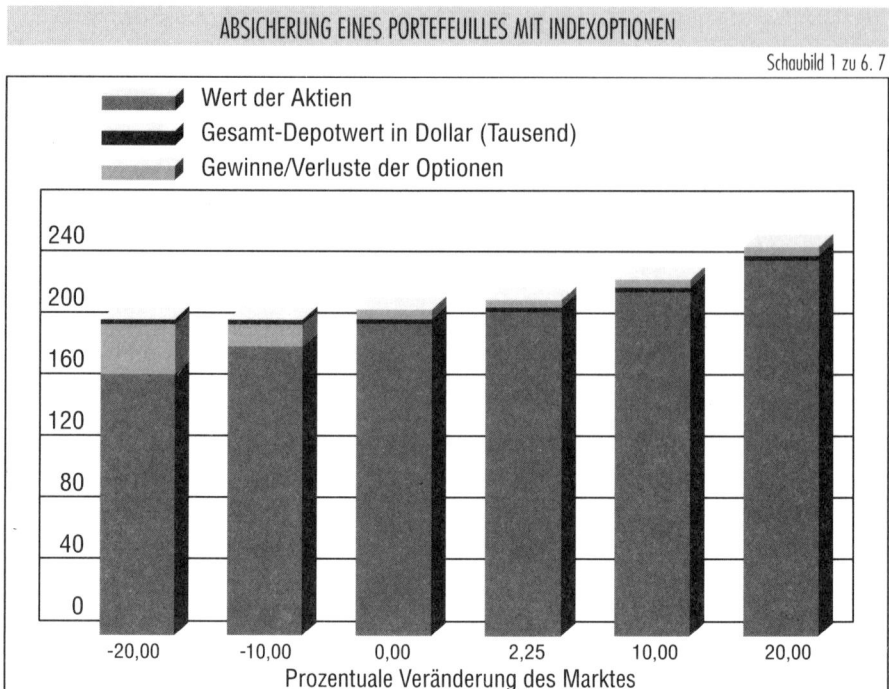

Probleme bei der Absicherung

In dem Beispiel wurde davon ausgegangen, daß der Anleger sein Portefeuille mit Indexoptionen absichert, die am Geld notieren; das heißt, bei einem Indexstand von 400 Punkten wurden Optionen mit dem Basispreis von 400 gewählt. Zwar kann der Investor sein Depot auch auf der Basis von 360 oder 380 Punkten absichern. Dann fallen die Kosten für die Absicherung niedriger aus. Jedoch ist das Portefeuille dann im Bereich zwischen dem Basispreis und dem aktuellen Indexstand nicht abgesichert.

Beispiel: Sichert der Investor sein 200.000-Dollar-Depot mit fünf Major Market-Verkaufsoptionen-September-380 zu einem Preis von drei Dollar ab, zahlt er eine Prämie von insgesamt 1.500 Dollar. Fällt nun der Index um zehn Prozent auf 360 Punkte und notiert die Option bei 20 Dollar, erzielt der Anleger aus den Verkaufsoptionen einen Gewinn von 17 Punkten oder 8.500 Dollar. Seine Wertpapiere verlieren dagegen um zehn Prozent oder 20.000 Dollar. Der Gesamtverlust des Portefeuilles vermindert sich somit um 8.500 Dollar auf 11.500 Dollar. Das entspricht einer prozentualen Gegenbewegung von immerhin 5,75 Prozent. Im Gegensatz zu der Absicherung auf der Basis von 400 Punkten ist diese Strategie zwar billiger. Bei fallenden Kursen macht der Anleger aber mit seinem Aktiendepot einen Verlust von 10.000 Dollar (400 – 380 = 20 Punkte Verlust), der nicht via Option aufgefangen oder gemindert wird. Nur wenn die Börse wider Erwarten steigt, erzielt der Investor mit der aus dem Geld liegenden Option einen höheren Gewinn, da er für die Option eine geringere Prämie zahlte.

Der Beta-Faktor

Nicht immer entspricht die Höhe eines Portefeuilles einem Mehrfachen des Index-Kontraktwertes. Daraus ergibt sich entweder eine Unter- oder eine Überversicherung mit zusätzlichen Gewinnen oder Verlusten. Zudem ist es möglich, daß sich der Wert des Depots im Vergleich zum Aktienindex unterschiedlich entwickelt.

Eine Hilfestellung bietet hier der sogenannte Beta-Faktor. Dieser Koeffizient ist ein statistisches Maß, das die Kursentwicklung einer Aktie im Vergleich zur Entwicklung des Gesamtmarktes beschreibt. Weist eine Aktie etwa den Beta-Faktor 1,5 auf, steigt das Papier bei einem einprozentigen Anstieg des Index überdurchschnittlich um 1,5 Prozent. Aktien mit niedrigen Beta-Koeffizienten bewegen sich träger gegenüber dem Index. In der deutschen Fachpresse werden börsentäglich die Beta-Faktoren der 30 DAX-Werte der letzten hundert Tage veröffentlicht. Nachfolgend ein Beispiel vom 1. September 1989 aus dem „Handelsblatt": Um unterschiedliche Kursentwicklungen einzelner Aktien über Terminkontrakte oder Indexoptionen richtig abzusichern, muß der Beta-gewichtete Depotwert errechnet werden. Dazu werden die Kurswerte der Papiere mit dem jeweiligen Beta-Faktor multipliziert. Dieser gewichtete Depotwert wird durch den Kontraktwert des gewählten Aktienindex dividiert, um die Anzahl der zur Absicherung erforderlichen Termin- oder Optionskontrakte zu ermitteln.

Die Absicherung eines Portefeuilles unter Berücksichtigung von Beta-Faktoren soll an einem Beispiel mit Verkaufsoptionen auf den DAX Index verdeutlicht werden. Im Augenblick existieren diese Optionen zwar noch nicht, doch plant die DTB ihre Einführung für 1990. Daher geht es wahrscheinlich um Optionen auf den DAX Terminkontrakt und nicht auf den Kassa Index, jedoch möchten wir aus Gründen der Vereinfachung in unserem Beispiel von Kassa-Optionen ausgehen. Das Prinzip kann dann recht einfach übertragen werden. (Bei Optionen auf den Future läge dann der DAX Terminkontrakt zugrunde und nicht der Kassa-Index.)

BETA-FAKTOREN DER 30 DAX-AKTIEN	
	Tabelle 3 zu 6. 7
Aktie	Beta-Faktor
Allianz Holding	1,0946
BASF	0,9296
Bayer	0,8394
Bayernhypo	1,1476
BMW	1,1035
Bayernverein	1,3601
Commerzbank	1,1889
Continental	1,1826
Daimler	1,4245
Douglas	0,7154
Deutsche Babcock	0,9249
Deutsche Bank	1,3293
Dresdner Bank	1,0892
Feldmühle	0,3267
Henkel	0,7976
Hoechst	0,7298
Karstadt	0,8775
Kaufhof	0,8615
Linde	0,7491
Lufthansa	0,7959
MAN	1,0605
Mannesmann	1,3237
Nixdorf	0,5532
RWE	1,0795
Schering	0,6557
Siemens	1,2352
Thyssen	1,0482
Veba	1,1592
Viag	1,0713
VW	1,3978

Ein Anleger hält in seinem Depot Aktien von BASF, Siemens und Veba. Alle Papiere weisen gegenüber dem Gesamtmarkt eine unterschiedliche Volatilität auf. Trotz erwarteter Kursrückgänge möchte der Anleger seine Aktienbestände nicht veräußern, da Dividendenzahlungen anstehen. Er entschließt sich, Verkaufsoptionen auf den DAX zur Absicherung zu kaufen. Sein Depot setzt sich zusammen aus:

DEPOT-ABSICHERUNG MIT DAX-OPTIONEN				
				Tabelle 4 zu 6.7
Aktie	Anzahl	Kurs	Marktwert	Beta-Faktor
		in Mark		
Bayer	500	300	150.000	0,9
Thyssen	1000	220	220.000	1,2
Veba	500	320	160.000	1,2
Gesamter Marktwert			530.000	

Als Absicherungsinstrument wählt der Anleger Verkaufsoptionen mit einem Basispreis von 1.600 Punkten und Optionen, die am Geld stehen. Der Dax notiert bei 1600 Punkten. Daraus ergibt sich ein Kontraktwert von 160.000 Mark (1.600 x 100). Bei einer Laufzeit bis September soll eine Option 50 Punkte, somit also 5.000 Mark kosten.

Um die Anzahl der benötigten Verkaufsoptionen zu ermitteln, muß der Depotwert mit den Beta-Werten gewichtet und dann durch den DAX-Kontraktwert dividiert werden:

$$210.000 \text{ x } 0,9 = 189.000 \text{ Mark}$$
$$300.000 \text{ x } 1,2 = 360.000 \text{ Mark}$$
$$210.000 \text{ x } 1,2 = 252.000 \text{ Mark}$$

———————

801.000 Mark
dividiert durch 160.000 macht 5,01

Um sein Portefeuille ausreichend abzusichern, muß der Anleger fünf DAX-Verkaufsoptionen kaufen und bezahlt dafür insgesamt 25.000 Mark.

Liegt der DAX im September um zehn Prozent niedriger, ergibt sich folgende Rechnung: BASF fiel entsprechend seines Beta-Faktors um neun Prozent; Siemens und Veba gaben jeweils um zwölf Prozent nach. Die Verluste aus dem Depot summieren sich somit auf 80.100 Mark.

Dem stehen die Einnahmen aus der Verkaufsoption von zehn Prozent des Kontraktwertes von 160.000 Punkten gegenüber. Je Kontrakt entspricht dies 16.000 Mark, bei fünf Kontrakten also 80.000 Mark. Abzüglich der gezahlten Prämie von 25.000 Mark macht dies ein Gewinn auf der Optionsseite von 55.000 DM. Per Saldo hat der Anleger somit nur ein Minus von 25.100 Mark (80.100 – 55.000) zu beklagen. Er konnte den Verlust auf der Aktienseite von 80.100 Mark durch die Absicherung mit Indexoptionen um ca. 69 % auffangen.

Nachstehende Tabelle zeigt die Entwicklung des Portefeuilles bei unterschiedlichen Marktbewegungen.

Tabelle 5 zu 6. 7

Veränderung der Börse	Gewinn/Verlust des Depots Beta gewichtet	Kurs des Dax-Index	Kurs der Verkaufs- option	Gesamtwert der 5 Verkaufsoptionen	Gewinn/Verlust der Option	Gesamter Gewinn/Verlust	
in Prozent	in Mark			in Mark			in Prozent
− 20	−160.000	1.280	300	− 160.000	+ 135.000	− 25.200	− 3,50
− 10	− 80.100	1.140	160	− 80.000	+ 55.000	− 25.100	− 3,48
0	0	1.600	0	0	− 25.000	− 25.000	− 3,47
+ 10	+ 80.000	1.760	0	0	− 25.000	+ 55.100	+ 7,65
+ 20	+ 160.200	1.920	0	0	− 25.000	+135.200	+ 18,80

Fällt der DAX um 20 Prozent, muß der Anleger mit seinem Aktienportefeuille einen Verlust von 160.200 Mark hinnehmen. Andererseits verdient er aus den fünf gekauften Optionen insgesamt 135.000 Mark und kann dadurch seinen Gesamtverlust auf 25.200 DM begrenzen. Steigen die Aktienkurse wider Erwarten, partizipiert der Anleger an dieser Entwicklung mit seinem Aktienportefeuille.

Bei der Beta-gewichteten Portfolioabsicherung muß beachtet werden, daß Beta-Koeffizienten aus den Zahlenreihen der Vergangenheit festgelegt werden. Ihre Anwendung unterstellt, daß dieser Zusammenhang auch für die Zukunft gilt, zumindest für die Laufzeit der Option. Index und beta-gewichtetes Portfolio würden sich dann im gleichen Ausmaß bewegen. Da sich aber Betafaktoren ändern können, kann dieser Zusammenhang für die Zukunft als nicht gesichert angesehen werden. So kann es also passieren, daß der adjustierte Portfoliowert stärker oder schwächer steigt als der Index. Je nach Strategie und Einsatz der Optionen können somit zusätzliche Gewinne oder Verluste auftreten.

Verkauf einer Index-Kaufoption

Wer ein Portefeuille besitzt und sich zusätzliche Einnahmen verschaffen will, kann Optionen auf einen Aktienindex schreiben und kassiert dann die Prämie. Dieses Vorgehen eignet sich besonders für institutionelle Anleger mit großen Depots – Versicherungen oder Investmentfonds –, die durch umfangreiche Abgaben den Aktienmarkt nicht schwächen wollen. Damit die Rechnung aufgeht, reicht eine Seitwärtsbewegung, also ein ruhiger Kursverlauf, an der Börse, da die Optionen dann nicht ausgeübt werden.

In diesem Beispiel hat ein Investor drei Aktien in seinem Portefeuille, wobei der Einfachheit halber jeweils ein Beta-Faktor von eins unterstellt wird.

Auch in diesem Beispiel wird angenommen, daß es Optionen auf den DAX-

ABSICHERUNG MIT DEM BETA-FAKTOR

Tabelle 6 zu 6.7

Aktie	Anzahl	Kurs	Marktwert
			in Mark
A	1000	700	700.000
B	1400	500	700.000
C	2000	300	600.000
Gesamter Marktwert			2.000.000

Kassa-Index gibt. Um bei einem erwarteten ruhigen Kursverlauf zusätzliche Einkünfte zu erzielen, soll ein Anleger 13 Kaufoptionen auf den DAX mit einem Basispreis 1.500 und Fälligkeit Juni schreiben. Es wird unterstellt, daß der DAX bei 1.500 Punkten liegt. Dafür kassiert der Anleger 20 Mark, je Kontrakt somit 2.000 Mark und insgesamt 26.000 Mark.

Ist der DAX bis Juni auf 1.510 Punkte gestiegen, kann der Anleger die geschriebenen Kaufoptionen zu zehn Mark, insgesamt 13.000 Mark, zurückkaufen. Ihm verbleibt somit ein Gewinn aus dem Optionsgeschäft von 13.000 Mark. Hinzu kommt der Kursanstieg der Aktien im Schnitt von 0,65 Prozent oder 13.000 Mark, so daß unter dem Strich 26.000 Mark übrigbleiben. Die Absicherungsstrategie ist in der folgenden Tabelle festgehalten.

HEDGING-RESULTAT MIT BETA-FAKTOR

Tabelle 7 zu 6.7

Veränderung der Börse	Gewinn/Verlust des Aktiendepots	Wert des Aktiendepots	Punktniveau vom DAX	Kurs der Kaufoption	Gewinn/Verlust der Option	Gesamter Gewinn oder Verlust aus dem Schreiben einer Option
in Prozent	in Mark				in Mark	
− 20	− 400.000	1.600.000	1200	0	+ 26.000	− 374.000
− 10	− 200.000	1.800.000	1350	0	+ 26.000	− 174.000
− 1,3	− 26.000	1.974.000	1480	0	+ 26.000	− 0
0	0	2.000.000	1500	0	+ 26.000	+ 26.000
+ 1,3	+ 26.000	2.026.000	1520	20	0	+ 26.000
+ 10	+ 200.000	2.200.000	1650	150	− 169.000	+ 31.000
+ 20	+ 400.000	2.400.000	1800	300	− 364.000	+ 36.000

Auch folgendes Schaubild zeigt, daß ein Portefeuille durch das Schreiben von Index-Kaufoptionen bis zu einem gewissen Grad gegen Verluste abgesichert ist. Fällt der DAX unter 1.480 Punkte und damit um mehr als 1,3 Prozent, ergibt sich per saldo ein Verlust, der sich mit weiter nachgebenden Notierungen ausweitet. Bis zum Rückgang des DAX auf 1.480 Punkte entsprechen die Einbußen der Höhe der erhaltenen Optionsprämie.

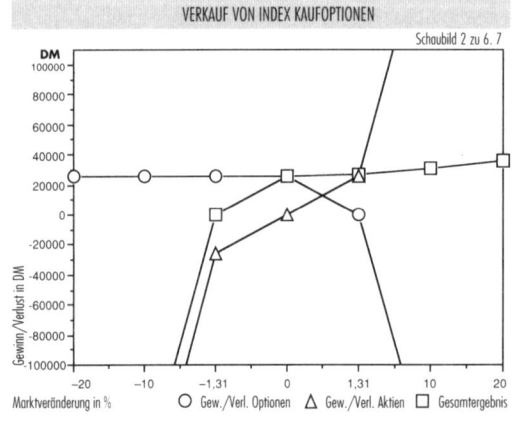

VERKAUF VON INDEX KAUFOPTIONEN

Schaubild 2 zu 6.7

Der Verkauf von Optionen auf Aktienindizes mit einem Aktiendepot im Rücken ist vergleichbar mit dem gedeckten Schreiben von Kaufoptionen auf Aktien. Das Gewinnpotential ist bei aufwärtsgerichteten Börsenkursen begrenzt. Auf der anderen Seite bieten geschriebene Kaufoptionen limitierten Schutz vor Kursrückschlägen. Der wesentliche Unterschied besteht jedoch darin, daß bei Aktienoptionen der Schreiber die Papiere auch liefern kann. Dagegen muß der

Verkäufer einer Index-Kaufoption den Kontrakt zurückkaufen, wenn die Entwicklung gegen ihn läuft. Zudem gibt es keine Garantie, daß sich der Aktienindex im Gleichschritt mit dem Portefeuille entwickelt.

Absicherung von Leerverkäufen

Vor allem in den USA ist es üblich, Aktien leerzuverkaufen, in der Hoffnung, sie später niedriger kaufen zu können und die Differenz zu vereinnahmen. Das Risiko steigender Kurse kann auch durch den Kauf einer Index-Kaufoption begrenzt werden.

Beispiel: Ein Anleger hat bei seinem Broker eine Reihe von Aktien leerverkauft. Alle Papiere sollen den Beta-Faktor 1 haben. Um sich gegen einen kurzfristigen Kursanstieg zu sichern, kauft der Anleger Index-Kaufoptionen vom Major Market Index mit Basis 400 und Laufzeit September zum Preis von zehn Dollar. Die gesamte Höhe der Leerverkäufe soll sich auf 200.000 Dollar belaufen.

Zur Absicherung der Leerverkäufe benötigt der Anleger somit fünf Optionskontrakte (200.000 : 40.000) und zahlt dafür insgesamt 5.000 Dollar.

Erweisen sich die Befürchtungen als richtig, und der Major Market Index zieht um zehn Prozent an, ergibt sich ein Verlust aus den Leerverkäufen von 20.000 Dollar. Dem stehen die Einnahmen aus dem Kauf der Kaufoptionen von 40 Punkten oder 4.000 Dollar je Option gegenüber, insgesamt also 20.000 Dollar mit einem Gewinn von 15.000 Dollar (5.000 Dollar haben die fünf Optionen gekostet). Der Gesamtverlust beschränkt sich auf die gezahlte Prämie von 5.000 Dollar. Immerhin konnte durch die Absi-

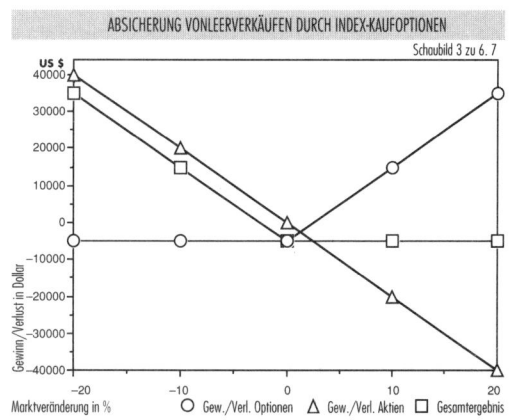

cherung das Minus um 15.000 Dollar reduziert werden. Das Schaubild 44 zeigt den Verlauf des Depotwertes bei unterschiedlichen Marktbewegungen.

Sicherung aktueller Marktpreise

Nicht selten kommt es vor, daß ein Anleger sein Kapital gebunden hat – etwa in Anleihen oder auf dem Festgeldkonto –, will aber aufgrund günstiger Konjunktur- und Unternehmensnachrichten auf Aktien umsteigen. Bis die nötige Liquidität frei wird, könnte der Zug an der Börse freilich schon abgefahren sein.

Um sich die aktuellen Marktkonditionen zu sichern, bietet sich der Kauf einer Kaufoption auf einen Aktienindex an. Werden bei einem Investor beispielsweise erst in zwei Monaten 300.000 Mark frei, könnte er rechtzeitig auf Hausse setzen und eine DAX-Kaufoption zum Basispreis von 1.500 Punkten mit Fälligkeit September zum Preis von 30 Mark erwerben. Der Anleger kauft also für 6.000 Mark zwei Optionen mit einem Kontraktwert von jeweils 150.000 Mark, insgesamt also der Wert der später freiwerdenden Mittel.

Steigt der DAX bis September um fünf Prozent auf 1.575 Punkte, kostet die Kaufoption 75 Mark, insgesamt also 7.500 Mark. Der Anleger erzielt mit seinen beiden Optionen einen Verkaufspreis von 15.000 Mark, so daß ihm unterm Strich 9.000 Mark verbleiben. Haben sich die Aktien, die er kaufen wollte, in dem gleichen Prozentsatz verteuert, so muß er im September für deren Kauf 15.000 DM (300.000 × 0,5) mehr aufbringen. Der größte Teil dieser Summe wurde durch die Optionsgewinne von 9.000 DM verdient.

6.8. ___ TRADING-STRATEGIEN

Die in den Kapiteln drei und vier beschriebenen Strategien mit Aktienoptionen lassen sich ebenso mit Indexoptionen realisieren. Auf eine detaillierte Betrachtung wird deshalb verzichtet. Dagegen soll noch einmal ein Überblick über Erwartungshaltungen und damit verbundene Strategien gegeben werden. Das Kürzel XMI steht für den Major Market Index, der bei 400 Punkten notiert.

Bei Spread-Strategien verfolgt ein Anleger das Ziel, einen vorher festgelegten Gewinn zu realisieren bei gleichzeitiger Limitierung des Risikos.

WELCHE STRATEGIE BEI WELCHER KURSERWARTUNG?

Tabelle 1 zu 6. 8

Einstellung des Investors	Strategie	Beispiel für Wall Street
Agressiv optimistisch	Kauf von Index-(Aktien-) Kaufoptionen	Kauf einer XMI-Kaufoption September 400
Bescheiden optimistisch	Verkauf einer Index-(Aktien-)Verkaufsoption	Verkauf einer XMI-Verkaufsoption September 400
Bescheiden pessimistisch	Verkauf von Index-(Aktien-)Kaufoptionen	Verkauf einer XMI-Kaufoption September 400
Agressiv pessimistisch	Kauf einer Index-(Aktien-) Verkaufsoptionen	Kauf einer XMI Verkaufsoption September 400
Heftige Ausschläge nach einer Seite zu erwarten	Kauf eines Straddle	Kauf einer XMI-Verkaufsoption September 400 Kauf einer XMI-Verkaufsoption September 400
Stagnierende Kurse zu erwarten	Verkauf eines Straddle	Verkauf einer XMI-Kaufoption September 400 Verkauf einer XMI-Verkaufsoption September 400
Geringe Kursveränderungen auf beiden Seiten	Verkauf einer Kombination	Verkauf einer XMI-Kaufoption September 415 Verkauf einer XMI-Verkaufsoption September 385
Heftige Ausschläge nach einer Seite zu erwarten	Kauf einer Kombination	Kauf einer XMI-Kaufoption September 415 Kauf einer XMI-Verkaufsoption September 385

Tabelle 2 zu 6. 8

Einstellung des Investors	Strategie	Beispiel für Wall Street
Optimistisch	Vertikaler Spread mit Kaufoptionen	Kauf einer XMI-Kaufoption September 400 Verkauf einer XMI-Verkaufsoption September 400
	Vertikaler Spread mit Verkaufsoptionen	Kauf einer XMI-Verkaufsoption September 390 Verkauf einer XMI-Verkaufsoption September 400
	Kalender-Spread mit Kaufoptionen	Kauf einer XMI-Kaufoption Dezember 400 Verkauf einer XMI-Kaufoption September 400
Pessimistisch	Vertikaler Spread mit Kaufoptionen	Kauf einer XMI-Kaufoption September 410 Verkauf einer XMI-Kaufoption September 400
	Vertikaler Spread mit Verkaufsoptionen	Kauf einer XMI-Verkaufsoption September 400 Verkauf einer XMI-Verkaufsoption September 390
	Kalender-Spread mit Verkaufsoptionen	Kauf einer XMI-Verkaufsoption Dezember 400 Verkauf einer XMI-Verkaufsoption September 400
Geringe Kursveränderungen	Kalender-Spread mit Kaufoptionen	Kauf einer XMI-Kaufoption Dezember 400 Verkauf einer XMI-Kaufoption September 400
	Kalender-Spread mit Verkaufsoptionen	Kauf XMI-Verkaufsoption Dezember 400 Verkauf einer XMI-Verkaufsoption September 400

Sofort zahlbar: Der Einschuß auf eine Option

Der Einschuß, im Börsenjargon als Margin bezeichnet, ist eine Sicherheitsleistung, die ursprünglich bei kreditfinanzierten Wertpapierkäufen anfiel. Dabei werden Einlagen oder Wertpapierbestände des Investors als Sicherheit verpfändet. Das in Prozent ausgedrückte Margin gibt also an, in welchem Verhältnis zum gesamten Risiko der Anleger Eigenkapital hinterlegen muß. Heute spielt das Margin gerade bei Terminkontrakten und Optionen eine wichtige Rolle.

Verkauft ein Anleger eine Option auf Aktien, die er nicht besitzt – ein nicht gedeckter Verkauf –, geht er dabei ein erhebliches Risiko ein. Denn ein kräftiger Anstieg der Aktie kann zu hohen Verlusten führen. Für dieses Risiko verlangen Broker und Banken bestimmte Sicherheitsleistungen, die mit dem Margin zum Ausdruck kommen.

Keinen Einschuß braucht der Investor hingegen beim Kauf von Optionen zu leisten, das Margin ist gleich Null. Die Optionsprämien müssen lediglich voll bezahlt werden. Zusätzliche Sicherheiten sind nicht notwendig. Denn das Risiko ist beim Erwerb von Optionen oder daraus abgeleiteten Varianten, etwa einem Straddle oder einer Kombination, auf die Prämie beschränkt, die der Käufer anfangs zahlen muß.

EIN- UND NACHSCHÜSSE AN DER DTB 7.1.

Während der Käufer einer Option die Optionsprämie voll bezahlen muß, hat der Verkäufer die Erfüllung des Geschäfts durch Sach- oder Geldleistungen zu sichern. Zu diesem Zweck können auch Wertpapiere hinterlegt werden. Verkauft ein Investor eine

Kaufoption, die sich im Geld befindet, ergibt sich der Einschuß aus der Formel:

(Optionspreis + 10 Prozent des Aktienkurses) x Anzahl der verkauften Aktien

Beispiel: Bei einem verkauften Siemens-Call mit dem Basispreis 600 Mark, dem Aktienkurs von 610 Mark und einer Optionsprämie von 30 Mark ergibt sich als Einschuß:

(30 Mark + 61 Mark) x 50 = 4.550 Mark

Je mehr sich die Kaufoption im Geld befindet, desto größer ist der erforderliche Einschuß. Bei geschriebenen Kaufoptionen, die sich aus dem Geld befinden, dürfen die Banken den Prozentsatz auf den Aktienkurs deutlich reduzieren. Denkbar wären hier fünf Prozent. Reicht der geleistete Geldbetrag nicht mehr aus, fordert die Bank einen Nachschuß, der auch als Margin-Call bezeichnet wird.

Analog zu den Optionen ergeben sich Einschüsse und Nachschußpflichten beim DAX- und Bund-Terminkontrakten, die täglich neu berechnet werden.

7.2.   SO WIRD IN DEN USA GERECHNET

In den USA wird das Margin von der Zentralbank (Federal Reserve Board, kurz FED genannt) sowie von der Börsenaufsicht (Securities and Exchange Commission, kurz SEC) festgelegt. Für die Broker gelten diese Vorgaben als Minimum, die sie gemäß ihrer Geschäftspolitik durchaus erhöhen, aber niemals unterbieten dürfen. Bitte beachten Sie, daß diese Regeln von Zeit zu Zeit geändert werden können.

Die Margin-Anforderungen für Aktienoptionen und Optionen auf Industrie-Indizes, etwa den Gold/Silver Index, den Utility Index oder den Computer Technology Index, sind gleich hoch, während für die breiten Marktindizes, beispielsweise den Major Market Index oder den Standard & Poor's 500 Index, geringere Sicherheiten ausreichen. Zusätzlich zu dem Margin, dessen Höhe schwanken kann, müssen beim Verkauf, dem Shorten von Optionen, mindestens 2.000 Dollar Eigenkapital auf dem Brokerkonto stehen.

Die Marginanforderungen für verkaufte Aktienoptionen sind:

– 20 Prozent des Marktwertes der zugrundeliegenden Aktie
– zuzüglich der Optionsprämie
– zuzüglich (minus) des Betrages, mit dem die Option im (aus dem) Geld liegt. Hinzu kommt eine Minimumregel für Optionen, die z. B. weit aus dem Geld liegen: Auf keinen Fall kann weniger gezahlt werden, als die Prämie plus 10 % des Marktwertes der zugrundeliegenden Aktie.

BEISPIELE

Um Marginberechnungen zu verdeutlichen, folgen jetzt Beispiele von verkauften Aktien- und Indexoptionen sowie von Strategien.

Aktienoptionen

Die Aktie der Ölgesellschaft Exxon soll bei 43 Dollar notieren. Ein Anleger verkauft eine Exxon-Kaufoption-Juli-45 zum Preis von drei Dollar. Der Marktwert beträgt somit 4.300 Dollar (43 Dollar mal 100 Stück). Für die Marginforderung ergibt sich bei der aus dem Geld notierenden Option folgende Rechnung:

20 Prozent von 4.300 Dollar	860 Dollar
+ Optionsprämie	300 Dollar
- Betrag, der aus dem Geld liegt	200 Dollar (45 – 43) x 100
= Margin	960 Dollar

Der Anleger muß einen Einschuß von 960 Dollar für seine Short-Position hinterlegen. Zu beachten ist, daß beim Schreiben der Kaufoption das Margin nur dann anfällt, wenn es sich um ein „nacktes" Schreiben handelt, d. h. der Anleger besitzt die Aktien nicht, auf die er die Optionen verkauft. Kein Margin muß er leisten, sollten die Aktien in seinem Portfolio liegen, denn dann kann er im Fall der Ausübung der Option die Position zu jederzeit liefern.

Indexoptionen

Dieses Prinzip kann auch auf Indexoptionen übertragen werden. Freilich sind die Marginforderungen bei breiten Indizes, etwa dem Major Market Index, etwas geringer. Hier werden als Einschuß nur 15 Prozent des Marktwertes – der Indexstand mal 100 – erhoben. Bei Verkauf mehrerer Optionen als Strategie, etwa beim Straddle, werden in die Marginforderung beide Prämien, die der Anleger kassiert hat, angerechnet.

Beispiel: Ein Anleger verkauft eine Kaufoption auf den Major Market Index Oktober 400 zum Preis von zehn Dollar. Der Index soll bei 398 Punkten liegen. Für die Marginforderung ergibt sich:

15 Prozent von 39.800 Dollar	5.970 Dollar (398 x 100 x 0.15)
+ Optionsprämie	1.000 Dollar (10 x 100)
- Betrag, mit dem die Option aus dem Geld liegt	200 Dollar (40.000- 39.800)
= Margin	6.770 Dollar

Wichtig ist, daß es im „Sinne des Margins" bei Indexoptionen kein gedecktes Schreiben geben kann. Der Verkauf von Optionen gegen ein Portfolio wird aus dreierlei Gründen als nicht eindeutige Position definiert:

1. Realistisch gesehen ist es fast unmöglich, ein Portfolio zu erstellen, daß der Gewichtung und der Zusammensetzung eines Indizes entspricht.

2. Bei Fälligkeit von Indexoptionen werden keine Aktien ausgetauscht, sondern es findet eine Kassa-Abrechnung statt.

3. Es ist keine Garantie gegeben, daß Index und Portfolio im gleichen Ausmaß steigen oder fallen.

Diese Betrachtung hat zur Folge, daß bei der Marginanforderung das Aktienportfolio und die Option getrennt behandelt werden, d. h. daß der Investor bei dieser Strategie zusätzliches Geld als Sicherheit für die Shortposition hinterlegen muß.

Verkauf eines Straddle

In diesem Beispiel verkauft ein Anleger eine Major-Market-Index-Kaufoption September 400 zu zehn Dollar und verkauft gleichzeitig eine Major-Market-Index-Verkaufsoption zu acht Dollar, während der Major Market Index bei 400 Punkten liegt. Auf die Marginforderung werden beide Optionsprämien angerechnet.

15 Prozent von 40.000	6.000 Dollar (40 x 100 x 0.15)
+ Optionsprämie Kaufoption	1.000 Dollar (10 x 100)
+ Optionsprämie Verkaufsoption	800 Dollar (8 x 100)
- Betrag, der aus dem Geld liegt	0 Dollar (400 – 400)
= Margin	7.800 Dollar

Verkauf einer Kombination

Hier verkauft ein Anleger beispielsweise eine Major-Market-Index-Kaufoption September 410 zu fünf Dollar und gleichzeitig eine Verkaufsoption September 400 zu drei Dollar. Der Major Market Index notiert bei 405 Punkten.

15 Prozent von 40.500	6.075 Dollar
+ Optionsprämie Kaufoption	500 Dollar
+ Optionsprämie Verkaufsoption	300 Dollar
− Betrag, der aus dem Geld liegt	500 Dollar
= Margin	6.375 Dollar

Vertikaler Bull-Spread mit Kaufoption

Bei einem Major Market Index Stand von 400 Punkten kauft ein Anleger eine Major-Market-Index-Kaufoption Oktober 400 zu zehn Dollar und verkauft gleichzeitig eine Kaufoption Oktober 410 zu fünf Dollar.

Als Margin ergibt sich die Differenz zwischen den Optionsprämien der gekauften und der verkauften Option, hier also 500 Dollar.

Vertikaler Bear-Spread mit Kaufoption

Für diese Position gibt es zwei Berechnungsmöglichkeiten für den Einschuß, entweder
– die Optionsprämie der gekauften Option, zu der die Differenz aus dem Basispreis der verkauften Option und dem Basispreis der gekauften Option addiert wird, oder
– die Optionsprämien der gekauften Option plus die Marginforderung für die verkaufte Option.

Der niedrigere Betrag ist vom Investor als Einschuß zu zahlen.

Beispiel: Ein Anleger verkauft eine Kaufoption Oktober auf den Major Market Index mit der Basis 400 Punkte zu zehn Dollar und erwirbt gleichzeitig eine Kaufoption Oktober auf den gleichen Index mit der Basis 410 zu fünf Dollar. Der Major Market Index notiert gerade bei 400 Punkten. Daraus ergibt sich:

Basispreis der gekauften Option	41.000 Dollar
− Basispreis der verkauften Option	40.000 Dollar
+ Prämie für die gekaufte Option	500 Dollar
= Margin	1.500 Dollar

oder

Prämie für die gekaufte Option	500 Dollar
+ 15 Prozent von 40.000 Dollar	6.000 Dollar
+ Prämie für die verkaufte Option	1.000 Dollar
− Betrag, der aus dem Geld liegt	0 Dollar
= Margin	7.500 Dollar

Das Margin beträgt somit 1.500 Dollar.

Vertikaler Bull-Spread mit Verkaufsoption

Solch ein Spread wird dann eingegangen, wenn ein Anleger etwa eine Major-Market-Index-Verkaufsoption Oktober 390 zu vier Dollar kauft und gleichzeitig eine Major-Market-Index-Verkaufsoption Oktober 400 zu acht Dollar verkauft. Der Major Market Index soll bei 400 Punkten notieren.

Das Margin ist der geringere Betrag, der sich ergibt aus

– der Differenz zwischen dem Basispreis der gekauften Option und dem Basispreis der verkauften Option plus Optionsprämie der gekauften Option oder
– der Marginforderung für die verkaufte Option plus Optionsprämien der gekauften Optionen.
Daraus ergibt sich:

Basispreis der verkauften Option	40.000 Dollar
− Basispreis der gekauften Option	39.000 Dollar
+ Prämie für die gekaufte Option	400 Dollar
= Margin	1.400 Dollar

oder

15 Prozent von 40.000 Dollar	6.000 Dollar
+ Prämie der verkauften Option	800 Dollar
− Betrag, der aus dem Geld liegt	0 Dollar
+ Prämie der gekauften Option	400 Dollar
= Margin	7.200 Dollar

Das Margin beträgt somit 1.400 Dollar.

Vertikaler Bear-Spread mit Verkaufsoption

Dieser Spread liegt dann vor, wenn ein Anleger beispielsweise eine Major-Market-Index-Verkaufsoption Oktober 400 zu acht Dollar kauft und eine Major-Market-Index-Verkaufsoption Oktober 390 zu vier Dollar verkauft. Der Major Market Index notiert bei 400 Punkten.

Als Margin wird hier die Differenz zwischen den Optionsprämien der gekauften und verkauften Option gefordert, in diesem Fall also 400 Dollar.

Kalender-Spread mit Kaufoption

Auch bei dieser Strategie ist die Marginberechnung einfach. Verkauft ein Anleger etwa eine Major-Market-Index-Kaufoption September 400 zu sieben Dollar und kauft eine Kaufoption Oktober 400 zu zehn Dollar, ergibt sich das Margin aus der Differenz zwischen der gezahlten und erhaltenen Optionsprämie, hier demnach 300 Dollar.

Zu beachten ist jedoch, daß Marginforderungen nur entstehen, wenn die gekaufte Option nach der verkauften Option verfällt und der Basispreis der gekauften Option gleich oder niedriger als der Basispreis der verkauften Option liegt. Befindet sich der Basispreis der verkauften Option darunter, gelten die Margin-Bestimmungen des vertikalen Bear-Spread mit Kaufoptionen. Liegt der Verfalltermin der verkauften Option hinter der Fälligkeit der gekauften Option, werden beide Optionen als voneinander unabhängig betrachtet, und es gelten die üblichen Marginbestimmungen für den Kauf von Kaufoptionen sowie für den Verkauf von Kaufoptionen.

Kalender-Spread mit Verkaufsoptionen

Dieser Spread liegt vor, wenn ein Anleger zum Beispiel eine Major-Market-Index-Verkaufsoption September 400 zu vier Dollar verkauft und gleichzeitig ein Major-Market-Index-Verkaufsoption Oktober 400 zu acht Dollar kauft.

Das Margin stellt die Differenz aus den Optionsprämien der gekauften und veräußerten Option dar, hier also 400 Dollar.

Hier muß beachtet werden, daß diese Marginforderungen nur entstehen,wenn die gekaufte Option erst nach der verkauften ausläuft und der Basispreis der gekauften Option gleich oder höher ist als der Basispreis der verkauften Option. Liegt der Basispreis der verkauften Option über dem der gekauften Option, gelten die Marginbestimmungen des vertikalen Bull-Spread. Läuft die verkaufte Option nach dem Verfalltermin der gekauften Option aus, werden beide Positionen unabhängig voneinander behandelt, und es gelten die Marginbestimmungen für den Kauf und Verkauf von Verkaufsoptionen.

8

Bund-Futures

Der Handel an der Deutschen Terminbörse soll 1990 mit einem zweiten Futures-Produkt beginnen: mit dem Bundesanleihe-Terminkontrakt (Bund). Für das Finanzinstrument sind später auch Optionen vorgesehen. Die Londoner International Financial Futures Exchange (Liffe) hat für den Bund-Handel die Vorreiterrolle übernommen. Mit großem Erfolg, denn inzwischen gehen an die 25.000 Kontrakte täglich um. Heute ist der Bund-Futures der – am Umsatz gemessen – drittgrößte Terminkontrakt der Liffe nach den Kontrakten mit dem Pfund Sterling und den langlaufenden englischen Staatsanleihen, im Börsenjargon den Long Guilts.

Am 29. September 1988 begann der Handel in London mit einem Tagesvolumen von 9.000 Abschlüssen. Es wurde auch Zeit: Der Bund stellt den ersten Mark-Terminkontrakt auf Wertpapiere dar und war dringend notwendig, um Zinsrisiken großer Anleihebestände abzusichern. Der deutsche Anleihemarkt ist mit Emissionen von rund 150 Milliarden Mark immerhin der viertgrößte der Welt. Angewendet wird der Kontrakt vor allem für die Kurssicherung von Bundes-, Bahn- und Post-Emissionen. Groß- und Privatanleger können sich dann erstmals gegen Zinsänderungsrisiken absichern. Der neue Kontrakt macht es den Geldmanagern auch wesentlich leichter, von einer Währung in die andere zu hüpfen und Zinsdifferenzen auszunutzen, ohne daß Anleihebestände gleich an- oder verkauft werden müssen.

Denkbar ist beispielsweise ein Portefeuilleverwalter, der mit steigenden Zinsen und somit fallenden Anleihepreisen rechnet.Ohne gleich seine Anleihen veräußern zu müssen, verkauft er in diesem Fall Bund-Kontrakte mit einem Kontraktvolumen in Höhe seiner Wertpapierbestände. Steigen die Zinsen tatsächlich, werden die Verluste seiner Anleihen durch die Gewinne seiner Terminpositionen ausgeglichen. Diese Absicherungsstrategie war bisher nicht möglich. Banken werden den Bund-Futures auch stark zu Handels- und Arbitragegeschäften einsetzen.

Käufer und Verkäufer des Bund-Futures verpflichten sich zur Abnahme oder Lieferung eines Kontrakts auf Bundesanleihen zu einem späteren Termin. Die gehandelte Einheit ist eine fiktive Anleihe des Bundes mit einem Zinssatz von sechs Prozent und einem Nennwert von 250.000 Mark. Die Mindestkursveränderung beträgt 0,01 Prozentpunkte, was einer Spanne von 25 Mark pro Kontrakt entspricht. Liefermonate sind März, Juni, September und Dezember über den Frankfurter Kassenverein. Dabei wird jede bonifikationsfreie Bundesanleihe mit Restlaufzeit am 10. des Liefermonates zwischen acht und zehn Jahren akzeptiert. Der Einschuß beträgt 2.500 Mark.

Die Kursnotierungen werden auf Reuters- (London: LFJC) und Quotronmonitoren abzulesen sein. Nachfolgend zwei Beispiele aus dem Bund-Handel:

Fall 1:

Am Liefertag muß ein Verkäufer eines Bund-Terminkontraktes nominal 250.000 Mark einer Bundesanleihe mit einer Restlaufzeit zwischen acht und zehn Jahren bringen. Der Käufer muß den entsprechenden Betrag zahlen. Die Rechnung basiert auf dem Schlußkurs der Börse bei Lieferung am letzten Handelstag des Kontraktes. Die fälligen Stückzinsen bis zum Liefertag sind der Summe zuzurechnen. Die Formel für den Rechnungsbetrag lautet danach:

Rechnung = (Schlußkurs x Preisfaktor x 2.500) + Stückzinsen

Der Preisfaktor ist eine Kennziffer, die die unterschiedlichen Fälligkeiten und Kupons der lieferbaren Bundesanleihen auf einen Nenner bringt. Denn bei einer möglichen Restlaufzeit von acht bis zehn Jahren ist nicht nur eine, sondern gleich ein ganze Handvoll von Bundestiteln lieferbar. Diese Kennziffer gibt an, wie hoch momentan gerade der Preis je Mark Nominalwert einer fiktiven Bundesanleihe mit einem sechsprozentigen Kupon wäre. In dem Beispiel wird am 10. März 1990 eine Bundesanleihe mit einem Kupon von 6,375 Prozent und der Fälligkeit 20. Januar 1998 mit Stückzinsen von 50 Tagen geliefert. Der Abrechnungspreis nach dem Schlußkurs beliefe sich auf 98,50. Der Preisfaktor dieser Bundesanleihe läge bei 1,024990. An Stückzinsen würden 2.213,54 Mark anfallen.

Rechnung = (98,50 x 1,024889 x 2.500) + 2.213,54 Mark
= 254.592,46 Mark

Fall 2:

Ein Händler erwartet eine kurzfristige Zinsabschwächung und somit steigende Rentenkurse. Er kauft bei Eröffnung der Börse einen Kontrakt zum Kurs von 95,50 und schließt seine Position einen Tag später mit einem Verkauf zu 95,80. Die Anleihen notieren dann also 30 Ticks höher. Sein Bruttogewinn beträgt pro Kontrakt 750 Mark (30 x 25 Mark = 750 Mark).

KURSENTWICKLUNG DES BUND-KONTRAKTES AN DER LIFFE

Schaubild 1 zu 8

Auch beim Bund-Futures werden täglich Nachschüsse berechnet. Derzeit kalkulieren die Banken noch, welchen Einschuß sie fordern wollen.

9

Wie hoch sind die Gebühren?

Bisher blieben Transaktionskosten wie Gebühren, Provisionen und Kommissionen aus Gründen der Vereinfachung unberücksichtigt. Bei der Beurteilung, ob eine Optionsstrategie profitabel endet oder nicht, spielen solche Kosten freilich eine wichtige Rolle. Das gilt besonders für Strategien, deren Gewinnchancen von vorneherein beschränkt sind, wie etwa bei Spreads.

Transaktionskosten variieren je nach Geschäftsverbindung erheblich. Meist setzen sich die Spesen aus einer festen Sockelgebühr und einer von der Höhe des Einsatzes abhängigen Provision zusammen. Auf der Abrechnung erscheinen diese Beträge als eine Summe. Für deutsche Optionen berechneten die Banken bisher recht unterschiedliche Gebühren. Manche Kreditinstitute führten Optionsgeschäfte nur bei drei Mindestkontrakten oder einem Gegenwert von 3.000 Mark aus. Bis zu einem Optionswert von 20 Mark verlangten sie je Aktie 0,50 Mark, bis 30 Mark 0,70 Mark, bis 50 Mark 0,90 Mark und über 50 Mark 1,15 Mark. Dazu kam eine Courtage von drei Mark sowie eine Gewährleistungsgebühr von 1/4 Promille. Wie die Provisionsstaffelung an der DTB aussieht, ist bislang noch nicht absehbar. Doch dürften sie nicht zu hoch festgesetzt werden, um die Anleger nicht von Optionsgeschäften abzuschrecken. Zur Orientierung: An der Schweizer Terminbörse Soffex (Swiss Options and Financial Futures Exchange) schwanken die Gebühren zwischen vier Prozent bei einem Kontraktvolumen von 2.000 Franken und 0,6 Prozent bei 100.000 Franken. Für US-Optionen liegt die Grundgebühr normalerweise um 50 Dollar (das enspricht bei einem Dollar-Kurs von 1,90 Mark demnach 95 Mark). Pro Option fallen dann noch mal zwischen fünf und zehn Dollar Provision an. Bei einem Kauf von zehn Optionen zu einem Preis von jeweils vier Dollar (Einsatz: 4 x 10 x 100) liegen die Spesen eines teuren Brokerhauses also bei 150 Dollar – 50 Dollar Grundgebühr plus zehn Dollar je Option –, das entspricht 3,75 Prozent der angelegten Summe von 4.000 Dollar.

Viele Broker und Banken erheben Mindestgebühren, wodurch kleinere Aufträge teurer werden. Je umfangreicher die Aufträge, desto niedriger sind – relativ – die Gebühren. Ein Vergleich unter den Konditionen lohnt sich allemal. Dabei müssen allerdings die zusätzlichen Serviceleistungen berücksichtigt werden, etwa Beratung, Ausführungsanzeigen oder spezielle Informationen.

Bei der Ausübung einer Option fallen weitere Kosten an, und zwar meist höhere, als wenn die Option im Sekundärmarkt verkauft würde. Dann wird aus der Option ein normaler Aktienkauf oder -verkauf. Die Spesen für Bartransaktionen bewegen sich bei Brokern zwischen 0,7 und 2,5 Prozent des Kapitaleinsatzes. Die Bankentarife sind degressiv aufgebaut. Je größer also der Marktwert des Auftrages ist, desto günstiger sind die Spesen.

Fragen an die Autoren

Wir hoffen, daß dieses Buch dem interessierten Anfänger die unterschiedlichen Einsatzmöglichkeiten von Optionen und die Vielfältigkeit der Handelsstrategien nähergebracht hat und ebenso Kenner des Optionsgeschäftes einige wertvolle Informationen fanden. Sicherlich stellen sich dem einen oder anderen Leser noch Fragen, die wir im Rahmen dieses Buches nicht ausführlich beantworten konnten. Sie können daher unter den folgenden Anschriften schriftlich mit uns Kontakt aufnehmen:

Hans-Rudolf Kessel
c/o BHF Securities
49th Floor
70 Pine Street
New York, N.Y. 10270
USA

Rolf E. Kunz
c/o Hornblower Fischer AG
Königsallee 98
4000 Düsseldorf 1

Wolfgang Sienel
c/o Wirtschaftswoche
Kasernenstraße 67
4000 Düsseldorf 1

Anhang

KONTRAKTSPEZIFIKATIONEN

Computer Technology Index

<u>DER INDEX</u>

BÖRSENPLATZ	American Stock Exchange
ART DER BERECHNUNG	Als Index
GEWICHTUNG	Marktwertgewichtung
BASISJAHR	29. Juli 1983
BASISZAHL	100
ZUSAMMENSETZUNG	Der Computer Index erfaßt 30 Aktien, ausschließlich Unternehmen aus dem Bereich der Hochtechnologie.

<u>DIE OPTION AUF DEN INDEX</u>

BÖRSENPLATZ	American Stock Exchange
SYMBOL	XCI
KONTRAKTWERT	Jeder Indexoptionskontrakt repräsentiert 100 Dollar (Indexmultiplikator), multipliziert mit dem Indexwert.
VERFALLZYKLUS	Die drei nächsten Monate und der nächstliegende Verfalltermin aus dem Januar/April/Oktober-Zyklus.

VERFALLTERMIN	Samstag nach dem dritten Freitag des Verfallmonates
BASISPREIS	Basispreise werden in Abständen von fünf Punkten um den aktuellen Indexwert festgelegt. Wenn der Index den nächsthöheren oder -tieferen Basispreis berührt, kommen neue Basispreise hinzu.
PRÄMIENNOTIERUNG	Prämien werden in Punkten und Brüchen angegeben. Jeder Punkt (1.0) repräsentiert 100 Dollar.
MINIMUMBEWEGUNG	1/8 Punkt für Prämien über drei Punkte, 1/16 Punkt für Prämien unter drei Punkten.
ABRECHNUNG BEI AUSÜBUNG	Kassa-Abrechnung, der Betrag in Dollar errechnet sich aus der Differenz zwischen dem Basispreis und dem Schlußkurs des Index am Ausübungstag, multipliziert mit 100 Dollar.
OPTIONSTYP	Amerikanisch, die Ausübung der Option ist jederzeit bis zum Verfalltermin möglich.
AUSÜBUNGSPROZEDERE	Die Anweisung zur Ausübung muß bis spätestens 16.15 Uhr, New Yorker Zeit gegeben werden.
HANDELSZEIT	9.30 – 16.15 Uhr New Yorker Zeit (Ost-Zeit)

Financial News Composite Index

<u>DER INDEX</u>

BÖRSENPLATZ	Pacific Coast Exchange
ART DER BERECHNUNG	Als Durchschnitt
GEWICHTUNG	Preisgewichtung
BASISJAHR	Da der Index als Durchschnitt und nicht als Index im mathematischen Sinn errechnet wird, gibt es für ihn auch kein Basisjahr und keine Basiszahl.

ZUSAMMENSETZUNG	Der Index enthält 30 hochkapitalisierte Aktien, die an der New York Stock Exchange gehandelt werden. Es sind bekannte Unternehmen aus den Bereichen Konsum-, Investitionsgüter, Transport, Finanzen, Rohstoffe und Dienstleistungen.

DIE OPTION AUF DEN INDEX

BÖRSENPLATZ	Pacific Stock Exchange
SYMBOL	FNC
KONTRAKTWERT	Jeder Indexoptionskontrakt repräsentiert 100 Dollar (Indexmultiplikator) multipliziert mit dm Indexwert.
VERFALLZYKLUS	Die nächsten zwei Monate und zwei zusätzliche Monate aus dem März/Juni/September/Dezember- Zyklus.
VERFALLTERMIN	Samstag nach dem 3. Freitag des Verfallmonats
BASISPREIS	Basispreise werden in Abständen von fünf Punkten um den aktuellen Indexwert festgelegt. Bei stärkeren Bewegungen kommen neue Basispreise hinzu. Für den nächstliegenden Monat gibt es auch 2 Punkte-Intervalle
PRÄMIENNOTIERUNG	Prämien werden in Punkten und Brüchen angegeben. Jeder Punkt (1.0) repräsentiert 100 Dollar.
MINIMUMBEWEGUNG	$\frac{1}{8}$ Punkt für Prämien über drei Punkte und $\frac{1}{16}$ Punkt für Prämien unter drei Punkten.
ABRECHNUNG BEI AUSÜBUNG	Kassa-Abrechnung, der Betrag in Dollar errechnet sich aus der Differenz zwischen dem Basispreis und dem Schlußkurs des Index am Ausübungstag, multipliziert mit 100 Dollar.
OPTIONSTYP	Europäisch, Optionen können nur am letzten Handelstag vor Auslauf der Option (dritter Freitag des Verfallmonats) ausgeübt werden.

AUSÜBUNGSPROZEDERE Die Anweisung zur Ausübung muß bis spätestens 16.15 Uhr New Yorker Zeit gegeben werden.

HANDELSZEIT   9.30 – 16.15 Uhr New Yorker Zeit (Ost-Zeit)

Gold/Silver Index

DER INDEX

BÖRSENPLATZ   Philadelphia Stock Exchange

ART DER BERECHNUNG   Als Index

GEWICHTUNG   Marktwertgewichtung

BASISJAHR   2. Januar 1984

BASISZAHL   100

ZUSAMMENSETZUNG   Der Index erfaßt sieben Aktien von Unternehmen, die mit der Produktion der Edelmetalle Gold und Silber beschäftigt sind.

DIE OPTION AUF DEN INDEX

BÖRSENPLATZ   Philadelphia Stock Exchange

SYMBOL   XAU

KONTRAKTWERT   Jeder Indexoptionskontrakt repräsentiert 100 Dollar (Indexmulti-plikator), multipliziert mit dem Indexwert.

VERFALLZYKLUS   Auf monatlicher und quartals-mäßiger Basis

VERFALLTERMIN   Samstag nach dem dritten Freitag des Verfallmonates

BASISPREIS   Basispreise werden in Abständen von fünf Punkten um den aktuellen Indexwert festgelegt. Wenn der Index den nächsthöheren oder -tieferen Basispreis berührt, kommen neue Basispreise hinzu.

PRÄMIENNOTIERUNG	Prämien werden in Punkten und Brüchen angegeben. Jeder Punkt (1.0) repräsentiert 100 Dollar.
MINIMUMBEWEGUNG	⅛ Punkt für Prämien über drei Punkte, ¹⁄₁₆ Punkt für Prämien unter drei Punkten
ABRECHNUNG BEI AUSÜBUNG	Kassa-Abrechnung, der Betrag in Dollar errechnet sich aus der Differenz zwischen dem Basispreis und dem Schlußkurs des Index am Ausübungstag, multipliziert mit 100 Dollar.
OPTIONSTYP	Amerikanisch, eine Ausübung ist jederzeit bis zum Verfalltermin möglich.
AUSÜBUNGSPROZEDERE	Die Anweisung zur Ausübung muß bis spätestens 16.15 Uhr New Yorker Zeit gegeben werden.
HANDELSZEIT	9.30 – 16.15 Uhr New Yorker Zeit (Ost-Zeit)

Institutional Index

DER INDEX

BÖRSENPLATZ	American Stock Exchange
ART DER BERECHNUNG	Als Index
GEWICHTUNG	Marktwertgewichtung
BASISJAHR	24. Juni 1986
BASISZAHL	250
ZUSAMMENSETZUNG	Der Index enthält 75 Aktien, die - nach Dollarbeträgen gemessen – am stärksten in Portfolios von solchen institutionellen Anlegern vertreten sind, die ein Fondsvermögen von mindestens 100 Millionen Dollar verwalten. Diese Fonds müssen quartalsmäßig ihre Aktienpositionen der Security Exchange Commission (SEC) mitteilen. Aus diesen Berichten werden die Aktien ausgewählt nach

folgenden Kriterien: – Mindestens 200 Fonds müssen die Aktien halten; – in den letzten beiden Quartalen müssen mindestens jeweils sieben Millionen Aktien gehandelt worden sein. Die 75 Aktien repräsentieren alle wichtigen Sektoren der Wirtschaft, etwa Elektronik, Computer-Technologie, Schwerindustrie, Konsumprodukte, Versorgung, Öl, Automobil, Transport, Pharmazie und Finanzdienstleistungen.

DIE OPTION AUF DEN INDEX

BÖRSENPLATZ	American Stock Exchange
SYMBOL	XII
KONTRAKTWERT	Jeder Indexoptionskontrakt repräsentiert 100 Dollar (Indexmultiplikator), multipliziert mit dem Indexwert.
VERFALLZYKLUS	Die drei nächsten Monate und zwei zusätzliche Monate aus dem März/Juni/September/Dezember-Zyklus.
VERFALLTERMIN	Samstag nach dem dritten Freitag des Verfallmonates
BASISPREIS	Basispreise werden in Abständen von fünf Punkten um den aktuellen Index festgelegt. Wird ein neuer Verfalltermin eingeführt, so werden im allgemeinen sechs Basispreise festgelegt. Bei starken Bewegungen kommen neue Basispreise hinzu.
PRÄMIENNOTIERUNG	Prämien werden in Punkten und Brüchen angegeben. Jeder Punkt (1.0) repräsentiert 100 Dollar.
MINIMUMBEWEGUNG	⅛ Punkt für Prämien über drei Punkte, 1⁄16 Punkt für Prämien unter drei Punkten
ABRECHNUNG BEI AUSÜBUNG	Kassa-Abrechnung, der Betrag in Dollar errechnet sich aus der Differenz zwischen dem Basispreis und dem Schlußkurs des Index am Ausübungstag, multipliziert mit 100 Dollar.

OPTIONSTYP　　　　　　　Europäisch, Optionen können nur am letzten Handelstag vor Auslauf der Option (dritter Freitag des Verfallmonates) ausgeübt werden.

AUSÜBUNGSPROZEDERE Die Anweisung zur Ausübung muß bis spätestens 16.15 Uhr New Yorker Zeit gegeben werden.

HANDELSZEIT　　　　　　9.30 bis 16.15 Uhr New Yorker Zeit (Ost-Zeit)

International Market Index

<u>DER INDEX</u>

BÖRSENPLATZ　　　　　　American Stock Exchange

ART DER BERECHNUNG　Als Index

GEWICHTUNG　　　　　　Marktwertgewichtung

BASISJAHR　　　　　　　2. Januar 1987

BASISZAHL　　　　　　　200

ZUSAMMENSETZUNG　　Der Index enthält 50 Aktien oder American Depository Receipts (ADR), die in den USA gehandelt werden, aber keine amerikanischen Gesellschaften sind. Die fünf wichtigsten Titel des Index per 29. Juli 88 sind: Anteil am Index- gemessen am Marktwert – Aktiein Prozent

Toyota Motor12,4 Hitachi8,43 Matsushita El.8,12 Royal Dutch 6,25 British Petrol 5,45

American Depository Receipts sind Hinterlegungsscheine von nichtamerikanischen Aktien, die von US-Banken herausgegeben werden. Sie werden anstelle der Aktien gehandelt.

<u>DIE OPTION AUF DEN INDEX</u>

BÖRSENPLATZ　　　　　　American Stock Exchange

SYMBOL	ADR
KONTRAKTWERT	Jeder Indexoptionskontrakt repräsentiert 100 Dollar (Indexmultiplikator), multipliziert mit dem Indexwert.
VERFALLZYKLUS	Die drei nächsten Monate und zwei weitere Monate aus dem März/Juni/ September/Dezember-Zyklus.
VERFALLTERMIN	Samstag nach dem dritten Freitag des Verfallmonates.
BASISPREIS	Basispreise werden in Abständen von fünf Punkten um den aktuellen Indexwert festgelegt. Wenn der Index den nächsthöheren oder -tieferen Basispreis berührt, kommen neue Basispreise hinzu.
PRÄMIENNOTIERUNG	Prämien werden in Punkten und Brüchen angegeben. Jeder Punkt(1.0) repräsentiert 100 Dollar.
MINIMUMBEWEGUNG	$\frac{1}{8}$ Punkt für Prämien über drei Punkte, $\frac{1}{16}$ Punkt für Prämien unter drei Punkten.
ABRECHNUNG BEI AUSÜBUNG	Kassa-Abrechnung, der Betrag in Dollar errechnet sich aus der Differenz zwischen dem Basispreis und dem Schlußkurs des Index am Ausübungstag, multipliziert mit 100 Dollar.
OPTIONSTYP	Europäisch, Optionen können nur am letzten Handelstag vor Auslauf der Option (dritter Freitag des Verfallmonates) ausgeübt werden.
AUSÜBUNGSPROZEDERE	Die Anweisung zur Ausübung muß bis spätestens 16.15 Uhr New Yorker Zeit gegeben werden.
HANDELSZEIT	9.30 bis 16.15 Uhr New Yorker Zeit (Ost-Zeit)

Major Market Index

DER INDEX

BÖRSENPLATZ	American Stock Exchange

ART DER BERECHNUNG   Als Durchschnitt

GEWICHTUNG   Preisgewichtung

BASISJAHR   Da der Index als Durchschnitt und nicht als Index im
                    mathematischen Sinn errechnet wird, gibt es für ihn kein
                    Basisjahr und keine Basiszahl.

ZUSAMMENSETZUNG   Der Index enthält 20 weitbekannte Standardwerte aus den
                    verschiedensten Industriebereichen, wie Handel, Compu-
                    ter-Technologie, Öl und Gas, Kommunikation, Chemie,
                    Pharmazie, Produktion, Konsumprodukte und Finanz-
                    dienstleistungen.

DIE OPTION AUF DEN INDEX

BÖRSENPLATZ   American Stock Exchange

SYMBOL   XMI

KONTRAKTWERT   Jeder Indexoptionskontrakt repräsentiert 100 Dollar (In-
                    dexmultiplikator), multipliziert mit dem Indexwert.

VERFALLZYKLUS   Die drei nächsten Monate und der nächste Termin aus
                    dem März/Juni/ September/Dezember-Zyklus

VERFALLTERMIN   Samstag nach dem dritten Freitag des Verfallmonates

BASISPREIS   Basispreise werden in Abständen von fünf Punkten um
                    den aktuellen Indexwert festgelegt. Wenn der Index den
                    nächsthöheren oder -tieferen Basispreis berührt, kommen
                    neue Basispreise hinzu.

PRÄMIENNOTIERUNG   Prämien werden in Punkten und Brüchen angegeben.
                    Jeder Punkt (1.0) repräsentiert 100 Dollar.

MINIMUMBEWEGUNG   ⅛ Punkt für Prämien über drei Punkte, 1/16 Punkt für
                    Prämien unter drei Punkten

ABRECHNUNG   Kassa-Abrechnung, der Betrag in Dollar errechnet sich
BEI AUSÜBUNG   aus der Differenz zwischen dem Basispreis und dem

Schlußkurs des Index am Ausübungstag, multipliziert mit 100 Dollar.

OPTIONSTYP | Amerikanisch, die Ausübung der Option ist jederzeit bis zum Verfalltermin möglich.

AUSÜBUNGSPROZEDERE Die Anweisung zur Ausübung muß bis spätestens 16.15 Uhr New Yorker Zeit gegeben werden.

HANDELSZEIT | 9.30 – 16.15 Uhr New Yorker Zeit(Ost-Zeit)

National Over the Counter Index

DER INDEX

BÖRSENPLATZ | Philadelphia Stock Exchange

ART DER BERECHNUNG | Als Index

GEWICHTUNG | Marktwertgewichtung

BASISJAHR | 28. September 1984

BASISZAHL | 150

ZUSAMMENSETZUNG | Der Index enthält die 100 größten amerikanischen Unternehmen, deren Aktien an keiner Börse notiert werden und deren Kurs durch mindestens vier Kursmakler im Freiverkehr festgelegt werden.
Er ist breit diversifiziert und deckt 30 verschiedene Industriegruppen ab. Die fünf größten Industriebereiche nach Marktwertanteilen waren per 31.Dezember 1987 (in Prozent):

Bank	20.46
Computer	16.83
Versicherung	9.67
Rundfunk	8.54
Einzelhandel	5.06

DIE OPTION AUF DEN INDEX

BÖRSENPLATZ — Philadelphia Stock Exchange

SYMBOL — XOC

KONTRAKTWERT — Jeder Indexoptionskontrakt repräsentiert 100 Dollar (Indexmultiplikator), multipliziert mit dem Indexwert.

VERFALLZYKLUS — Die drei nächsten Monate und ein bis zwei zusätzliche Monate aus dem März/Juni/September/ Dezember-Zyklus.

VERFALLTERMIN — Samstag nach dem dritten Freitag des Verfallmonates

BASISPREIS — Basispreise werden in Abständen von fünf Punkten um den aktuellen Indexwert festgelegt. Wenn der Index den nächsthöheren oder -tieferen Basispreis berührt, kommen neue Basispreise hinzu.

PRÄMIENNOTIERUNG — Prämien werden in Punkten und Brüchen angegeben. Jeder Punkt (1.0) repräsentiert 100 Dollar.

MINIMUMBEWEGUNG — ⅛ Punkt für Prämien über drei Punkte, ¹⁄₁₆ Punkt für Prämien unter drei Punkten

ABRECHNUNG BEI AUSÜBUNG — Kassa-Abrechnung, der Betrag in Dollar errechnet sich aus der Differenz zwischen dem Basispreis und dem Schlußkurs des Index am Ausübungstag, multipliziert mit 100 Dollar.

OPTIONSTYP — Amerikanisch, die Ausübung der Option ist jederzeit bis zum Verfalltermin möglich.

AUSÜBUNGSPROZEDERE — Die Anweisung zur Ausübung muß bis spätestens 16.15 Uhr New Yorker Zeit gegeben werden.

HANDELSZEIT — 9.30 – 16.15 New Yorker Zeit (Ost-Zeit)

New York Stock Exchange Index

DER INDEX

BÖRSENPLATZ   New York Stock Exchange (NYSE)

ART DER BERECHNUNG Als Index

GEWICHTUNG   Marktwertgewichtung

BASISJAHR   31. Dezember 1965

BASISZAHL   50

ZUSAMMENSETZUNG   Der Index enthält alle an der New York Stock Exchange notierten Stammaktien – rund 1.600 Titel aus den verschiedensten Bereichen. Der NYSE-Index repräsentiert den Löwenanteil des Aktienkapitals in den USA. Obwohl im Freiverkehr weitaus mehr Gesellschaften gehandelt werden, haben die Aktien der New York Stock Exchange einen höheren Marktwert. Diese Aktien sind zumeist besser kapitalisiert als Werte anderer Börsenplätze, da die NYSE für die Aufnahme neuer Gesellschaften die höchsten Anforderungen aller Börsenplätze stellt.

DIE OPTION AUF DEN INDEX

BÖRSENPLATZ   New York Stock Exchange

SYMBOL   NYA

KONTRAKTWERT   Jeder Indexoptionskontrakt repräsentiert 100 Dollar (Indexmultiplikator), multipliziert mit dem Indexwert.

VERFALLZYKLUS   Die nächsten drei aufeinanderfolgenden Monate und der nächste Termin aus den März/Juni/ September/Dezember-Zyklus.

VERFALLTERMIN   Samstag nach dem dritten Freitag des Verfallmonates

BASISPREIS	Basispreise werden in Abständen von 2,5 Punkten um den aktuellen Indexwert festgelegt. Wenn der Index den nächsthöheren oder -tieferen Basispreis berührt, kommen neue Basispreise hinzu.
PRÄMIENNOTIERUNG	Prämien werden in Punkten und Brüchen angegeben. Jeder Punkt (1.0) repräsentiert 100 Dollar.
MINIMUMBEWEGUNG	⅛ Punkt für Prämien über drei Punkte, ¹⁄₁₆ Punkt für Prämien unter drei Punkten
ABRECHNUNG BEI AUSÜBUNG	Kassa-Abrechnung, der Betrag in Dollar errechnet sich aus der Differenz zwischen dem Basispreis und dem Schlußkurs des Index am Ausübungstag, multipliziert mit 100 Dollar.
OPTIONSTYP	Amerikanisch, die Ausübung der Option ist jederzeit bis zum Verfalltermin möglich.
AUSÜBUNGSPROZEDERE	Die Anweisung zur Ausübung muß spätestens 16.15 Uhr New Yorker Zeit gegeben werden.
HANDELSZEIT	9.30 bis 16.15 Uhr New Yorker Zeit (Ost-Zeit)

Oil Index

<u>DER INDEX</u>

BÖRSENPLATZ	American Stock Exchange
ART DER BERECHNUNG	Als Index
GEWICHTUNG	Preisgewichtung
BASISJAHR	27. August 1984
BASISZAHL	125

| ZUSAMMENSETZUNG | Der Index enthält 15 Aktien von Unternehmen, die ausschließlich mit der Ölproduktion beschäftigt sind. |

DIE OPTION AUF DEN INDEX

BÖRSENPLATZ	American Stock Exchange
SYMBOL	XOI
KONTRAKTWERT	Jeder Indexoptionskontrakt repräsentiert 100 Dollar (Indexmultiplikator), multipliziert mit dem Indexwert.
VERFALLZYKLUS	Die nächsten drei Monate und die beiden nächsten Verfalltermine aus dem Januar/April/Juli/ Oktober-Zyklus.
VERFALLTERMIN	Samstag nach dem dritten Freitag des Verfallmonates
BASISPREIS	Basispreise werden in Abständen von 2,5 Punkten um den aktuellen Indexwert festgelegt. Wenn der Index den nächsthöheren oder -tieferen Basispreis berührt, kommen neue Basispreise hinzu.
PRÄMIENNOTIERUNG	Prämien werden in Punkten und Brüchen angegeben. Jeder Punkt (1.0) repräsentiert 100 Dollar.
MINIMUMBEWEGUNG	⅛ Punkt für Prämien über drei Punkte, ¹⁄₁₆ Punkt für Prämien unter drei Punkten
ABRECHNUNG BEI AUSÜBUNG	Kassa-Abrechnung, der Betrag in Dollar errechnet sich aus der Differenz zwischen dem Basispreis und dem Schlußkurs des Index am Ausübungstag, multipliziert mit 100 Dollar.
OPTIONSTYP	Amerikanisch, Ausübung ist jederzeit bis zum Verfalltermin möglich.
AUSÜBUNGSPROZEDERE	Die Anweisung zur Ausübung muß bis spätestens 16.15 Uhr New Yorker Zeit gegeben werden.

| HANDELSZEIT | 9.30 – 16.15 Uhr New Yorker Zeit, (Ost-Zeit) |

Standard and Poor's 100 Index

<u>DER INDEX</u>

| BÖRSENPLATZ | Chicago Board Options Exchange (CBOE) |

| ART DER BERECHNUNG | Als Index |

| GEWICHTUNG | Marktwertgewichtung |

| BASISJAHR | 2. Januar 1976 |

| BASISZAHL | 100 |

ZUSAMMENSETZUNG   Der Index enthält 100 Aktien, deren Optionen an der Chicago Board Options Exchange gehandelt werden. Er deckt alle wesentliche Bereiche ab, wie Konsum-, Investitions- güter, Finanzen, Versorgung, Transport, Energie, Rohstoffe, Dienstleistungen.

Die zehn einflußreichsten Aktien auf den Index waren am 30. März 1989: Anteil am Index, gemessen am Marktwert:

Aktie	in Prozent
IBM	14.25
Exxon	6.06
General Electric	4.92
AT&T	4.04
General Motors	3.61
Du Pont	2.45
Amoco	2.44
Mobil Corp.	1.85

<u>DIE OPTION AUF DEN INDEX</u>

| BÖRSENPLATZ | Chicago Board Options Exchange (CBOE) |

| SYMBOL | OEX |

KONTRAKTWERT	Jeder Indexoptionskontrakt repräsentiert 100 Dollar (Indexmultiplikator), multipliziert mit dem Indexwert.
VERFALLZYKLUS	Die vier nächsten aufeinanderfolgenden Monate
VERFALLTERMIN	Samstag nach dem dritten Freitag des Verfallmonates
BASISPREIS	Basispreise werden in Abständen von 2,5 Punkten um den aktuellen Indexwert festgelegt. Wenn der Index den nächsthöheren oder -tieferen Basispreis berührt, kommen neue Basispreise hinzu.
PRÄMIENNOTIERUNG	Prämien werden in Punkten und Brüchen angegeben. Jeder Punkt (1.0) repräsentiert 100 Dollar.
MINIMUMBEWEGUNG	⅛ Punkt für Prämien über drei Punkte, 1/16 Punkt für Prämien unter drei Punkten
ABRECHNUNG BEI AUSÜBUNG	Kassa-Abrechnung, der Betrag in Dollar errechnet sich aus der Differenz zwischen dem Basispreis und dem Schlußkurs des Index am Ausübungstag, multipliziert mit 100 Dollar.
OPTIONSTYP	Amerikanisch, Ausübung ist jederzeit bis zum Verfalltermin möglich.
AUSÜBUNGSPROZEDERE	Die Anweisung zur Ausübung muß bis spätestens 16.10 Uhr New Yorker Zeit gegeben werden.
HANDELSZEIT	9.30 – 16.15 Uhr New Yorker Zeit (Ost-Zeit)

Standard & Poor's 500

<u>DER INDEX</u>

BÖRSENPLATZ	Chicago Board Options Exchange (CBOE)
ART DER BERECHNUNG	Als Index
GEWICHTUNG	Marktwertgewichtung

BASISJAHR	1941 – 1943
BASISZAHL	10
ZUSAMMENSETZUNG	Der Index enthält 500 Aktien, die an der New York Stock Exchange (NYSE), der American Stock Exchange (AMEX) und im Freiverkehr (OTC) gehandelt werden. Der gesamte Marktwert des Index entspricht 80 Prozent der Kapitalisierung aller Aktien, die an der New York Stock Exchange notiert werden. Die Verteilung der einzelnen Gruppen entspricht etwa dem gleichen Verhältnis wie die Zusammensetzung des NYSE-Index. Zusammensetzung des Index:

Anzahl der Aktien

Industrie	400
Versorgung	40
Transport	20
Finanzen	40

DIE OPTION AUF DEN INDEX

BÖRSENPLATZ	Chicago Board Options Exchange (CBOE)
SYMBOL	SPX
KONTRAKTWERT	Jeder Indexoptionskontrakt repräsentiert 100 Dollar (Indexmultiplikator) multipliziert,mit dem Indexwert.
VERFALLZYKLUS	Bis zu fünf der nächsten Monate. Bis zu drei Monate aus dem März/ Juni/September/Dezember-Zyklus
VERFALLTERMIN	Samstag nach dem dritten Freitag des Verfallmonates
BASISPREIS	Basispreise werden in Abständen von 2,5 Punkten um den aktuellen Indexwert festgelegt. Wenn der Indexwert den nächsthöheren oder -tieferen Basispreis berührt, kommen neue Basispreise hinzu.

PRÄMIENNOTIERUNG	Prämien werden in Punkten und Brüchen angegeben. Jeder Punkt (1.0) repräsentiert 100 Dollar.
MINIMUMBEWEGUNG	$\frac{1}{8}$ Punkt für Prämien über drei Punkte, $\frac{1}{16}$ Punkt für Prämien unter drei Punkten
ABRECHNUNG BEI AUSÜBUNG	Kassa-Abrechnung, der Betrag in Dollar errechnet sich aus der Differenz zwischen dem Basispreis und dem Schlußkurs des Index am Ausübungstag, multipliziert mit 100 Dollar.
AUSÜBUNGSPROZEDERE	Die Anweisung zur Ausübung muß bis spätestens 16.10 Uhr New Yorker Zeit gegeben werden.
OPTIONSTYP	Europäisch, Optionen können nur am letzten Handelstag vor Auslauf der Option (dritter Freitag des Verfallmonates) ausgeübt werden.
HANDELSZEIT	9.30 – 16.15 Uhr New Yorker Zeit (Ost-Zeit)

Utility Index

DER INDEX

BÖRSENPLATZ	Philadelphia Stock Exchange
ART DER BERECHNUNG	Als Index
GEWICHTUNG	Marktwertgewichtung
BASISJAHR	1. Mai 1987
BASISZAHL	200
ZUSAMMENSETZUNG	Der Index enthält ausschließlich Aktien von Gesellschaften aus der Versorgungsindustrie.

DIE OPTION AUF DEN INDEX

BÖRSENPLATZ	Philadelphia Stock Exchange

SYMBOL	UTY
KONTRAKTWERT	Jeder Indexoptionskontrakt repräsentiert 100 Dollar (Indexmultiplikator), multipliziert mit dem Indexwert.
VERFALLZYKLUS	Die nächsten zwei Monate und drei zusätzliche Monate aus dem März/Juni/September/Dezember-Zyklus.
VERFALLTERMIN	Samstag nach dem dritten Freitag des Verfallmonates
BASISPREIS	Basispreise werden in Abständen von 2,5 Punkten um den aktuellen Indexwert gesetzt. Bei stärkeren Bewegungen kommen neue Basispreise hinzu.
PRÄMIENNOTIERUNG	Prämien werden in Punkten und Brüchen angegeben. Jeder Punkt (1.0) repräsentiert 100 Dollar.
MINIMUMBEWEGUNG	$\frac{1}{8}$ Punkt für Prämien über drei Punkte, $\frac{1}{16}$ Punkt für Prämien unter drei Punkten
ABRECHNUNG BEI AUSÜBUNG	Kassa-Abrechnung, der Betrag in Dollar errechnet sich aus der Differenz zwischen dem Basispreis und dem Schlußkurs des Index am Ausübungstag, multipliziert mit 100 Dollar.
OPTIONSTYP	Europäisch, Optionen können nur am letzten Handelstag vor Auslauf der Option (dritter Freitag des Verfallmonates) ausgeübt werden.
AUSÜBUNGSPROZEDERE	Die Anweisung zur Ausübung muß bis spätestens 16.15 Uhr New Yorker Zeit gegeben werden.
HANDELSZEIT	9.30 – 16.15 Uhr New Yorker Zeit

Value Line Composite Index

<u>DER INDEX</u>

BÖRSENPLATZ	Philadelphia Stock Exchange

ART DER BERECHNUNG   Als Index

GEWICHTUNG   Gleichgewichtung

BASISJAHR   30. Juni 1961

BASISZAHL   100

ZUSAMMENSETZUNG   Die rund 1700 Aktien, die in den Index eingehen,
                    repräsentieren circa 95 Prozent des Marktwertes aller US-
                    Aktien.
                    Im Vergleich zu den anderen Breitenindzes enthält der
                    Value Line Index mehr Sekundärwerte. Value Line ist in
                    Amerika ein bekannter Investmentberatungsdienst, der
                    alle im Index enthaltenen Aktien finanzanalytisch unter-
                    sucht. Durch die Gleichgewichtung hat keine Aktie einen
                    dominierenden Einfluß auf den Index.

DIE OPTION AUF DEN INDEX

BÖRSENPLATZ   Philadelphia Stock Exchange

SYMBOL   VLE

KONTRAKTWERT   Jeder Indexoptionskontrakt repräsentiert 100 Dollar (In-
                    dexmultiplikator), multipliziert mit dem Indexwert.

VERFALLZYKLUS   Die nächsten drei Monate und zwei Monate aus dem
                    März/Juni/ September/Dezember-Zyklus.

VERFALLTERMIN   Samstag nach dem dritten Freitag des Verfallmonates

BASISPREIS   Basispreise werden in Abständen von fünf Punkten des
                    Indexwertes festgelegt. Wenn der Indexwert den nächs-
                    thöheren oder -tieferen Basispreis berührt, kommen neue
                    Basispreise hinzu.

PRÄMIENNOTIERUNG   Ein Punkt entspricht 100 Dollar

MINIMUMBEWEGUNG $\frac{1}{8}$ Punkt für Prämien über drei Punkte, $\frac{1}{16}$ Punkt für
                    Prämien unter drei Punkte

ABRECHNUNG BEI AUSÜBUNG	Kassa-Abrechnung, der Betrag in Dollar errechnet sich aus der Differenz zwischen dem Basispreis und dem Schlußkurs des Index am Ausübungstag, multipliziert mit 100 Dollar.
OPTIONSTYP	Europäisch, Optionen können nur am letzten Handelstag vor Auslauf der Option (dritter Freitag des Verfallmonates) ausgeübt werden.
AUSÜBUNGSPROZEDERE	Die Anweisung zur Ausübung muß bis spätestens 16.15 Uhr New Yorker Zeit gegeben werden.
HANDELSZEIT	9.30 – 16.15 Uhr New Yorker Zeit (Ost-Zeit)

Financial Times Stock Exchange 100 Share Index

DER INDEX

BÖRSENPLATZ	London Traded Option Market (LTOM)
ART DER BERECHNUNG	Als Index
GEWICHTUNG	Marktwertgewichtung
BASISJAHR	3. Januar 1984
BASISZAHL	1.000
ZUSAMMENSETZUNG	Im FT-100 sind die 100 größten britischen Unternehmen nach Marktkapitalisierung vertreten. Sie entsprechen 70 Prozent des Gesamtmarktes aller britischen Aktien. Der Index enthält 69 Industrieunternehmen, 5 Ölwerte, 21 Finanzdienstleistungsgesellschaften, 2 Investmenttrusts, 2 Minenfinanzhäuser und 1 Überseehändler.

DIE OPTION AUF DEN INDEX

BÖRSENPLATZ	London Traded Option Market (LTOM)
SYMBOL	FT-SE-100

KONTRAKTWERT	Indexpreis multipliziert mit 10 Pfund Sterling
VERFALLZYKLUS	Jeweils die nächsten vier Monate, also ein- bis viermonatige Laufzeit. Mit Beginn eines neuen Monates kommt ein neuer Monatstermin hinzu.
VERFALLTERMIN	Letzter Geschäftstag des Monates
BASISPREIS	Die Abstände der Basispreise werden in 50-Punkte-Intervallen festgesetzt.
PRÄMIENNOTIERUNG	Prämien sind in Pence angegeben und werden mit 1.000 multipliziert.
MINIMUMBEWEGUNG	$\frac{1}{100}$ eines Pfund Sterling
ABRECHNUNG EI AUSÜBUNG	Kassa-Abrechnung. Der Betrag in Pfund errechnet sich aus der Differenz zwischen Basispreis und dem Schlußkurs des Index am Ausübungstag, multipliziert mit 1.000.
OPTIONSTYP	Amerikanisch, die Ausübung der Option ist jederzeit bis zum Verfalltermin möglich.
AUSÜBUNGSPROZEDERE	Die Anweisung zur Optionsausübung muß am letzten Geschäftstag des Verfallmonates vor Börsenschluß gegeben werden.
HANDELSZEIT	9.00 bis 17.00 Uhr Londoner Zeit

Terminkontrakt auf Bundesanleihen (Bund-Futures)

BÖRSENPLATZ	London International Financial Futures Exchange (Liffe)
KONTRAKTWERT	250.000 Mark
VERFALLZYKLUS	März, Juni, September, Dezember eines Jahres.
VERFALLTERMIN	Der zehnte des Liefermonates, 11 Uhr Frankfurter Zeit. Wenn dieser Tag kein Frankfurter Werktag ist, fällt der Liefertag auf den nächstfolgenden Werktag in Frankfurt.

BASISWERT	Fiktive Bundesanleihen mit einer Nominalverzinsung von 6 Prozent, bei Auslieferung Bundesanleihen mit einer Restlaufzeit von 8,5 bis 10 Jahren.
NOTIERUNG	Pro 100 Mark nominal auf zwei Stellen nach dem Komma
MINIMUMBEWEGUNG	Die Veränderung von 0,01 Mark entspricht einem "Tick". Er stellt einen Wert von 25 Mark dar.
ABRECHNUNG	Die Lieferung erfolgt über den Frankfurter Kassenverein mit einer Erfüllungsfrist von zwei Tagen. Valutatag ist der zehnte Tag des Liefermonates.
KONTRAKTWERT FÜR DIE TÄGLICHE MARGINBERECHNUNG	Durchschnitt der Preise innerhalb der letzten Minuten der Handelszeit
EINSCHUSS	2.500 Mark
NACHSCHUSS	Die Nachschüsse werden nach täglicher Bewertung der offenen Positionen berechnet (Mark to the market). Üblicherweise muß nachgezahlt werden, wenn 25 Prozent der Einschüsse verloren sind.
AUSÜBUNGSPROZEDERE	Für jeden Liefermonat veröffentlicht die Liffe zwei Wochen vor dem letzten Handelstag eine endgültige Liste lieferbarer Bundesanleihen. Das Preisfaktorsystem bringt die Bundesanleihen mit den unterschiedlichen Zinscoupons auf einen gemeinsamen Nenner. Der Verkäufer wählt sich aus einem Korb lieferbarer Titel die für ihn günstigste Anleihe aus (cheapest-todeliver).
HANDELSZEITEN	8.10 – 16.00 Uhr Londoner Zeit

DIE OPTION AUF DEN BUND-FUTURES

BÖRSENPLATZ	London International Financial Futures Exchange (Liffe)
KONTRAKTWERT	Ein Terminkontrakt auf Bundesanleihen

VERFALLZYKLUS	März, Juni, September, Dezember eines Jahres
VERFALLTERMIN	Sechs Geschäftstage vor dem ersten Tag eines Liefermonates des Bundesanleihe-Terminkontrakts bis 18.00 Uhr. Die Lieferung muß am ersten Geschäftstag nach Ausübung erfolgen.
BASISPREIS	Die Basispreise notieren in Abständen von 50 Pfennig. Hat sich der Schlußkurs des Terminkontrakts auf 50 Pfennig oder weniger an den vierthöchsten oder viertniedrigsten der bestehenden Basispreise genähert, werden am nächsten Tag neue Serien eingeführt.
PRÄMIENNNOTIERUNG	Mehrfaches von 0,01 Mark
MINIMUMBEWEGUNG	Ein "Tick" von 0,01 entspricht 25 Mark
OPTIONSTYP	Amerikanisch, die Ausübung der Option ist jederzeit bis zum Verfalltermin möglich.
AUSÜBUNGSPROZEDERE	Ausübung einer Bund-Option erfolgt in einem Bund-Terminkonrakt. Die Option kann an jedem Geschäftstag vor dem Verfalldatum ausgeübt werden.
HANDELSZEITEN	8.12 – 16.00 Uhr Londoner Zeit

Vor Geschäftsabschlüssen mit der Bund-Option und dem Bund-Futures an der DTB ist unbedingt anzuraten, den Prospekt des Bund-Handels in Frankfurt genau zu studieren, da Abweichungen zum Liffe-Handel möglich sind.

Terminkontrakt auf den Deutschen Aktienindex

DER INDEX

BÖRSENPLATZ	Frankfurter Wertpapierbörse
ART DER BERECHNUNG	Als Index
GEWICHTUNG	Preisgewichtung

BASISJAHR	Ultimo 1987
BASISZAHL	1.000
ZUSAMMENSETZUNG	30 deutsche Standardwerte

DER TERMINKONTRAKT AUF DEN INDEX

BÖRSENPLATZ	Deutsche Terminbörse (DTB)
KONTRAKTWERT	100 Mark pro Punkt des DAX
VERFALLZYKLUS	März, Juni, September, Dezember eines Jahres.
VERFALLTERMIN	Letzter Börsentag vor dem dritten Samstag im Liefermonat. Am letzten Handels- tag ist Handelsschluß um 12.30 Uhr.
NOTIERUNG	In Mark auf eine Dezimalstelle
MINIMUMBEWEGUNG	Tick-Größe: 0,5 Tick-Wert: 50 Mark
ABRECHNUNG BEI AUSÜBUNG	Kassa-Abrechnung in bar, fällig am ersten Börsentag nach dem letzten Handelstag. Abrechnungspreis: Wert des DAX-Index um 12.30 Uhr am letzten Handelstag
KONTRAKTWERT FÜR DIE TÄGLICHE MARGINBERECHNUNG	Letzter Börsenkurs innerhalb der letzten zehn Minuten der Handelszeit
HANDELSZEITEN	Geplant ist der Handel zwischen 8.00 und 16.00 Uhr.

Vor Engagements ist unbedingt anzuraten, den offiziellen Börsenprospekt der DTB zum DAX zu studieren.

BÖRSENPLÄTZE
Wichtige Börsenadressen:

American Stock Exchange
Options Division
86 Trinity Place
New York, NY 10006
USA

Arbeitsgemeinschaft der deutschen Wertpapierbörsen
Biebergasse 6-10
6000 Frankfurt/Main 1
Bundesrepublik Deutschland

Chicago Board Options Exchange
141 West Jackson Boulevard
Chicago, IL 60604
USA

Deutsche Terminbörse
Grüneburgweg 102
6000 Frankfurt/Main
Bundesrepublik Deutschland

Marché a Terme International de France (Matif)
176 Rue Montmatre
75002 Paris
Frankreich

New York Stock Exchange
Index Options Division
11 Wall Street
New York, NY 10005
USA

Pacific Stock Exchange
Options Division
301 Pine Street
San Francisco, CA 94104
USA

Philadelphia Stock Exchange
Options Division
1900 Market Street
Philadelphia, PA 19103
USA

The London International Financial Futures Exchange Limited (Liffe)
Royal Exchange
London EC3V3 PJ
Großbritannien

The London Stock Exchange
London EC2N 1HP
Großbritannien

GLOSSAR

Abgeld
– Eine Option wird mit Abgeld gehandelt, wenn die Prämie niedriger ist als der innere Wert der Option.

Aggregierter Basispreis
– Der Betrag, der zur Ausübung des Optionskontraktes notwendig ist. Er errechnet sich aus dem Ausübungspreis multipliziert mit der Anzahl der Einheiten des zugrundeliegenden Wertpapieres (in der Regel 100 Einheiten).

Amerikanische Option
– Eine Kauf- oder Verkaufsoption, die jederzeit während der Laufzeit ausgeübt werden kann. Europäische Optionen können hingegen nur am Verfalltermin ausgeübt werden. Dieser Unterschied ist für die theoretische Betrachtung der Optionen wichtig.

Am Geld
– Der Basispreis der Option entspricht dem Aktienkurs.

Andienung
– Die Aufforderung an einen Optionsverkäufer, seine Verpflichtung zu erfüllen, nämlich die Aktien zu verkaufen (Schreiber einer Kaufoption) oder zu kaufen (Schreiber einer Verkaufsoption). Der Schreiber erhält die Andienungsnotiz vom Verrechnungshaus.

Arbitrage
– Professionelle Händler kaufen ein Wertpapier oder ein Äquivalent, etwa eine Option, und verkaufen den Titel gleichzeitig auf einem anderen Markt, um somit einen risikolosen Gewinn zu erzielen.

Aus dem Geld
– ist eine Option, die keinen inneren Wert besitzt. Eine Kaufoption notiert aus dem Geld, wenn der Kurs der Aktie unter dem Basispreis liegt. Eine Verkaufsoption notiert aus dem Geld, wenn der Kurs der Aktie über dem Basispreis liegt.

Auslauftermin
– Der Tag, an dem der Optionskontrakt ungültig wird.

Auslieferung
– Der Transfer von Wertpapieren vom Verkäufer zum Käufer. Ein Verkäufer von

Kaufoptionen, der angedient wird, muß die Aktien dem Optionshalter ausliefern. Ein Käufer von Verkaufsoptionen liefert bei – von ihm veranlaßter – Ausübung der Option die Wertpapiere an den Schreiber aus.

Ausübung

– Der Optionskäufer nimmt sein Wahlrecht in Anspruch. Halter von Kaufoptionen üben ihr Recht aus, indem sie die zugrundeliegenden Wertpapiere kaufen; Halter von Verkaufsoptionen üben ihr Recht aus, indem sie die zugrundeliegenden Wertpapiere verkaufen.

Ausübungs-Limit

– Die maximale Anzahl von Optionskontrakten, die ein Halter innerhalb eines bestimmten Zeitraumes ausüben darf. Diese Grenzen werden von der jeweiligen Optionsbörse festgelegt mit dem Ziel, eine zu starke Kursbeeinflussung einzelner Investoren zu verhindern.

Ausübungspreis

– Der Preis, zu dem der Halter der Kaufoption das zugrundeliegende Wertpapier kaufen kann oder der Halter einer Verkaufsoption das zugrundeliegende Wertpapier verkaufen kann. Der Ausübungspreis wird auch Basispreis oder Strike-Price genannt.

Basispreis

– Siehe „Ausübungspreis".

Bearish

– Beschreibt die Meinung oder Erwartungshaltung eines Anlegers, der mit fallenden Kursen rechnet.

Bear-Spread

– Eine Optionsstrategie, die einen maximalen Gewinn erreicht, wenn die zugrundeliegende Aktie fällt. Bei steigenden Kursen macht der Anleger Verluste.

Beta-Faktor

– Eine Maßzahl, die die Korrelation zwischen der Bewegung einer einzelnen Aktie gegenüber dem Gesamtmarkt ausdrückt. Ein Beta von 1 bedeutet, daß sich die Aktie genauso stark bewegt wie der gesamte Markt. Bei einer stärkeren Volatilität der Aktie ist die Kennziffer größer als 1, bei einer geringeren Volatilität kleiner als 1.

Break-even-Punkt

– Der Aktienkurs, bei der eine Strategie weder Gewinn noch Verlust erzielt. Bei den meisten Betrachtungen bezieht sich dieser Kurs auf den Verfalltermin der Option.

Bullish

– Beschreibt die Meinung oder Erwartungshaltung eines Anlegers, der mit steigenden Kursen rechnet.

Bullen-Spread

– Eine Optionsstrategie, die einen maximalen Gewinn erreicht, wenn die zugrundeliegenden Aktien stark genug steigen. Beim Bullen-Spread wird eine Option mit niedrigerem Basispreis gekauft und eine Option mit höherem Basispreis wird verkauft. Bei fallenden Kursen macht der Investor Verluste.

CBOE

– Abkürzung für Chicago Board Options Exchange, die weltweit größte Optionsbörse, die auch als erste Börse den Handel mit Aktienoptionen einführte.

Credit

– Ein Geldbetrag, der dem Konto gutgeschrieben wird. Bei einem Credit Spread sind die Einnahmen aus dem Verkauf einer Option größer als die Ausgaben für den Optionskauf; siehe auch „Debit".

Debit

– Ein Geldbetrag, der dem Konto belastet wird. Bei einem Debit Spread sind die Ausgaben für den Kauf einer Option größer als die Einnahmen aus dem Verkauf einer Option; siehe auch „Credit".

Decken

– Ausdruck für den Rückkauf einer Option, die vorher verkauft worden ist. Eine offene Position des Investors wird damit geschlossen.

Delta-Faktor

– Eine Kennziffer für Optionen. Der Deltawert gibt an, in welchem Maß sich die Optionsprämie aufgrund einer einprozentigen Kursänderung des zugrundeliegenden Wertpapieres bewegt. Kaufoptionen haben grundsätzlich positive, Verkaufsoptionen negative Deltawerte. Siehe auch Hedge Ratio.

Eröffnende Transaktion

– Eine Transaktion, die eine neue Optionsposition eröffnet. Ein Kauf einer Option führt zu einer sogenannten Long-Position; ein Verkauf führt zu einer Short-Position.

Europäische Option

– Eine Kauf- oder Verkaufsoption, die nur am Verfalltermin ausgeübt werden kann. Dies steht im Gegensatz zur amerikanischen Option, bei der eine Ausübung jederzeit bis zum Verfalltermin möglich ist.

Ex-Dividende

– Der Aktienkurs wird aufgrund einer Dividendenzahlung reduziert. Der Ex-Dividenden-Tag ist der Tag, an dem der Kursabschlag durchgeführt wird. Anleger, die die Aktie am Ex-Dividenden-Tag besitzen, erhalten die Dividende, während die Anleger, die die Aktie leerverkauft haben, die Dividende zahlen müssen.

Fairer Wert

– Eine Bezeichnung für den Wert einer Option, der nach einem mathematischen Modell errechnet wurde.Manchmal wird dieser Ausdruck auch für den inneren Wert gebraucht; siehe auch „Innerer Wert“.

Floor Broker

– Ein Börsenmitglied, das auf dem Börsenparkett Aufträge für Nichtmitglieder durchführt.

Floor Trader

– Ein Börsenmitglied, das auf eigene Rechnung kauft und verkauft und somit auch die Funktion eines Market-Maker erfüllt.

Gedecktes Schreiben

– Eine geschriebene Position wird dann als gedeckt bezeichnet, wenn der Schreiber (der Verkäufer) eine entgegengesetzte Position in der zugrundeliegenden Aktie in gleicher Größe besitzt.

Gedecktes Schreiben von Kaufoptionen

– Eine Strategie, bei der ein Anleger Kaufoptionen auf eine Aktie verkauft und gleichzeitig die entsprechende Anzahl der gleichen Aktie besitzt, oder wenn der Anleger eine andere Kaufoption der gleichen Aktie mit einem Basispreis erworben hat, der gleich oder tiefer ist als der der verkauften Option.

Gedecktes Schreiben von Verkaufsoptionen
– Eine Strategie, bei der ein Anleger entweder Verkaufsoptionen auf eine Aktie veräußert und gleichzeitig die entsprechende Anzahl der gleichen Aktie verkauft hat, oder wenn der Investor eine andere Verkaufsoption der gleichen Aktie gekauft hat, deren Basispreis gleich oder größer ist als der der veräußerten Option.

Gelistete Optionen
– Eine Kauf- oder Verkaufsoption, die an einer Optionsbörse gehandelt wird. Gelistete Optionen haben festgelegte Basispreise und Verfalltermine im Gegensatz zu Optionen, die im Freiverkehr gehandelt werden.

Gültig bis auf Widerruf
– Eine Wertpapierorder mit diesem Zusatz gilt solange, bis der Auftrag ausgeführt oder vom Kunden widerrufen wird.

Halter
– Der Besitzer von Wertpapieren.

Hedgen
– Börsenausdruck für das Absichern eines Wertpapierdepots gegen Kursschwankungen.

Hedge-Ratio
– Veränderung der Optionsprämie, die durch eine Kursänderung des zugrundeliegenden Wertpapieres um einen Punkt ausgelöst wird. Die Hedge Ratio wird auch als Delta bezeichnet.

Horizontaler Spread
– Eine Optionsstrategie, bei der die Optionen den gleichen Basispreis, aber unterschiedliche Verfalltermine haben.

Im Geld
– Eine Option hat einen inneren Wert. Eine Kaufoption ist im Geld, wenn der Kurs des zugrundeliegenden Wertpapieres höher ist als der Basispreis der Aktie. Eine Verkaufsoption ist im Geld, wenn der Kurs des Wertpapieres unter dem Basispreis liegt.

Indexoption
– Eine Option, deren zugrundeliegende Einheit ein Index ist.

Innerer Wert

– Der Betrag, mit dem eine Option im Geld liegt. Für Kaufoptionen ist der innere Wert die Differenz zwischen Aktienkurs und Basispreis, wenn diese Zahl positiv ist. Für Verkaufsoptionen ist es die Differenz zwischen dem Basispreis und dem Aktienkurs, wenn diese Zahl positiv ist.

Kalender-Spread

– Eine Optionsstrategie, bei der die kürzer laufende Option verkauft und die länger laufende Option gekauft wird und beide Optionen den gleichen Basispreis haben.

Kassa-Abrechnung

– Die Erfüllung des Optionskontraktes geschieht nicht durch Lieferung der zugundeliegen-den Wertpapiere, sondern durch Zahlung des Betrags, mit dem die Option im Geld ist.

Kapitalisierungsgewichteter Index

– Ein Aktienindex, der aufgrund der Marktwerte der in den Index eingehenden Titel berechnet wird. Aktien mit dem größten Marktwert haben bei diesem Index im Verhältnis einen größeren Einfluß als Aktien mit niedrigem Marktwert.

Kaufoption (Call)

– Eine Option, die dem Käufer (Halter) das Recht gibt, das zugrundeliegende Wertpapier zu einem festgelegten Preis innerhalb einer bestimmten Frist zu kaufen.

Klasse

– Alle Kauf- und Verkaufsoptionen eines bestimmten Wertpapieres.

Kombination

– Alle Positionen, die Kauf- und Verkaufsoptionen enthalten und keine Straddles sind; siehe auch „Straddle".

Kontraktwert

– Größe eines Optionskontraktes. Bei Aktienoptionen läuft ein Kontrakt zumeist über 100 Aktien, angepaßt im Fall von Aktiensplits oder Aktiendividenden. Bei Indexoptionen errechnet sich der Kontraktwert aus dem Punktstand des Index, multipliziert mit dem sogenannten Index-Multiplikator. Dieser Multiplikator beträgt meist 100 Dollar.

Leerverkauf

– Der Verkauf von geliehenen Wertpapieren in Erwartung fallender Kurse. Um die Positionen zu schließen, werden die Aktien wieder zurückgekauft (gedeckt). Der Gewinn ist die Differenz zwischen dem Verkaufspreis und dem Einkaufspreis der Aktie. Ist die Differenz negativ, so macht der Investor einen Verlust.

Limit-Order
– Ein Auftrag, Wertpapiere zu einem bestimmten Preis zu kaufen oder zu verkaufen.

Leverage-Effekt
– Das Erreichen eines größeren prozentualen Gewinn- oder Verlustpotentials aufgrund eines sehr geringen Kapitaleinsatzes. Der Halter einer Kaufoption hat einen Leverage (zu deutsch: Hebel) im Vergleich zum Aktienhalter, denn er hat einen größeren prozentualen Gewinn oder Verlust bei gleicher Bewegung der Aktie.

Long
– Die Position eines Anlegers, der Wertpapiere gekauft hat. Der Anleger setzt auf steigende Kurse. Das Gegenteil ist eine Short-Position.

Margin
– Das Eigenkapital, das ein Anleger als Sicherheit für seine Wertpapiergeschäfte bei seinem Broker hinterlegen muß.

Market-Maker
– Börsenmitglied, das für die Aufrechterhaltung der Liquidität bei bestimmten Wertpapieren verantwortlich ist. Dafür handelt der Marktmacher auf eigene Rechnung und stellt fortlaufend An- und Verkaufskurs, auch wenn Kundenaufträge fehlen. Einige Market-Maker sind nur für einen Titel zuständig.

Market-not-held-Order
– Eine Order, bei der der Investor dem Broker Vollmacht über den Zeitpunkt der Ausführung gibt. Wenn der Broker ein Fallen der Aktienkurse erwartet, kann er mit dem Kauf warten in der Hoffnung, daß er die Aktie billiger bekommt. Es gibt freilich keine Garantie, daß eine solche Order auch ausgeführt wird.

Market-Order
– Ein Auftrag, Wertpapiere zum aktuellen Kurs zu verkaufen oder zu kaufen.

Nackte Optionen
– Eine geschriebene Option wird als nackt bezeichnet, wenn der Investor keine entsprechende Gegenposition in der zugrundeliegende Aktie besitzt.

Neutral
– Eine Meinung, die weder bearish noch bullish ist. Neutrale Optionsstrategien zeigen ihre besten Ergebnisse, wenn sich der Kurs der zugrundeliegenden Aktie kaum oder gar nicht ändert.

Offenes Interesse
– Die Anzahl der nicht durch Gegengeschäfte gedeckten Optionskontrakte einer bestimmten Optionsserie.

Options Clearing Corporation (OCC)
– Eine Organisation, deren Träger die Börsenplätze sind, an denen Optionen gehandelt werden. Das Clearinghaus garantiert alle Optionskontrakte.

Over-The-Counter-(OTC)-Optionen
– Optionen, die im Freiverkehr gehandelt werden. Diese Optionen haben keinen Sekundärmarkt und keine Standardisierung der Basispreise und Verfalltermine.

Parität
– Eine Option, die im Geld steht und exakt mit ihrem inneren Wert gehandelt wird. Häufig hört man auch bei Bewertungen, daß eine Option beispielsweise einen Punkt unter oder über Parität gehandelt wird. Im letzteren Fall ist es dann eine Option, die mit Abgeld umgeht.

Positionslimit
– Die maximale Anzahl von Kauf- oder Verkaufsoptionen der gleichen Seite des Marktes, die ein Investor halten darf. Eine Seite des Marktes sind entweder gekaufte Kaufoptionen und verkaufte Verkaufsoptionen oder verkaufte Kaufoptionen und gekaufte Verkaufsoptionen. Diese Einteilung basiert darauf, ob der Investor auf steigende Kurse (erste Marktseite) oder auf fallende Kurse (zweiter Fall) setzt.

Prämie
– Der Preis eines Optionskontraktes. Die Prämie setzt sich zusammen aus dem inneren Wert und dem Zeitwert der Option.

Preisgewichteter Index
– Ein Aktienindex, der errechnet wird durch Addition aller Kurse der im Index enthaltenen Aktien. Die daraus entstehende Summe muß dann durch die Anzahl der Titel dividiert werden.

Rotation
– Ein Handelsprozedere an den Optionsbörsen, bei dem für jede Optionsserie nacheinander Angebots- und Nachfragekurse aller zugrundeliegenden Wertpapiere ausgerufen werden.

Schließende Transaktion
– Geschäft, bei dem die offenen Positionen eines Anlegers geschlossen oder zumindest verringert werden. Schließende Kauftransaktionen vermindern die Short-Positionen, schließende Verkaufstransaktionen die Long- Positionen eines Anlegers.

Schreiber
– Der Verkäufer einer Option.

Securities and Exchange Commission (SEC)
– Ein Organ der amerikanischen Bundesregierung, das den Kassa-Wertpapiermarkt in den USA reguliert und beaufsichtigt.

Sekundärmarkt
– Jeder Markt, an dem Wertpapiere nach ihrer Emission gekauft und verkauft werden. Die Optionsbörsen ermöglichen den Sekundärmarkt in Aktien- und Indexoptionen.

Serie
– Alle Optionskontrakte eines zugrundeliegenden Wertpapieres mit gleichem Basispreis und gleichem Verfalltermin.

Short-Option
– Die Position eines Verkäufers (Schreibers) einer Kauf- oder Verkaufsoption.

Spezialist
– Ein Mitglied der Börse, der für einen ordentlichen Markt in bestimmten Wertpapieren verantwortlich ist. Dabei erfüllt er zwei Aufgaben: Er wickelt Kundenaufträge ab, und er sorgt als Market-Maker für die Liquidität des Marktes, indem er bei Fehlen von Kundenaufträgen auf eigene Rechnung handelt.

Spread
– Eine Optionsstrategie, bei der der Anleger gleichzeitig eine Option des gleichen Types – also Kauf- oder Verkaufsoption – gekauft und veräußert hat. Die Optionen unterscheiden sich nur bezüglich des Basispreises und/oder der Verfalltermine.

Stop-Limit-Order
– Ein Wertpapierauftrag ähnlich der Stop-Order. Nur wird die Stop-Limit-Order zu einer Limit-Order, wenn das Wertpapier zum Stop-Kurs gehandelt wird.

Stop-Order
– Ein Auftrag, bei dem das Wertpapier sofort ge- oder verkauft werden muß, wenn der Börsenkurs den in der Order genannten Stop-Kurs erreicht. Eine Garantie auf die

Ausführung zum Stop-Kurs gibt es also nicht. Kauf-Stop-Order werden über die aktuellen Kurse gelegt, während Verkauf-Stop-Order unter dem aktuellen Preis liegen.

Straddle
– Simultaner Kauf oder Verkauf von Kauf- und Verkaufsoptionen desselben zugrundeliegenden Wertpapieres mit gleichen Basispreisen und Verfallterminen. Ein Straddle wird gekauft, indem der Investor beide Seiten kauft. Er profitiert dann bei einer starken Bewegung des Wertpapieres in irgendeine Richtung. Ein Straddle wird verkauft, indem der Anleger beide Seiten verkauft. Hier profitiert er, wenn die Kurse stagnieren.

Systematisches Risiko
– Der Teil des gesamten Risikos, der auf den Gesamtmarkt und nicht auf unternehmensspezifische Ereignisse zurückzuführen ist.

Theoretischer Wert
– Der Preis einer Option oder eines Spread, der durch ein mathematisches Modell errechnet wird.

Trader
– Ein spekulativer Investor, der häufig Positionen kauft und verkauft.

Überbewertet
– Ein Wertpapier, das zu einem höheren Kurs als dem theoretisch richtigen Wert gehandelt wird. Normalerweise fällt dieser Ausdruck in Zusammenhang mit mathematischen Bewertungsmodellen, die einen fairen Preis für das Wertpapier errechnen. Liegt der Preis über dem fairen Preis, so spricht man von einer Überbewertung. Liegt er darunter, so spricht man von einer Unterbewertung.

Ungedeckte Optionen
– Eine geschriebene Option wird als ungedeckt bezeichnet, wenn der Investor keine entsprechende Position des zugrundeliegenden Wertpapieres besitzt. Eine geschriebene Kaufoption ist somit ungedeckt, wenn der Anleger nicht die gleiche Anzahl der Aktien im Depot hat. Eine geschriebene Verkaufsoption ist ungedeckt, wenn der Investor die zugrundeliegenden Aktien nicht leerverkauft hat; siehe auch „Nackte Option".

Unsystematisches Risiko
– Der Teil des Gesamtrisikos, der auf Änderungen in Branchen oder einzelnen Unternehmen zurückzuführen ist.

Unterbewertet
– ist ein Wertpapier, das zu einem niedrigeren Kurs als dem fairen Wert gehandelt wird; siehe auch „Überbewertung".

Verfalltermin
– Siehe „Auslauftermin".

Verkaufsoption (Put)
– Eine Option, die dem Halter das Recht gibt, das zugrundeliegende Wertpapier zu einem bestimmten Preis (Basispreis) innerhalb eines festgelegten Zeitraums zu verkaufen.

Verrechnungshaus
– Siehe „Options Clearing Corporation".

Vertikaler Spread
– Eine Optionsstrategie, bei der die Optionen unterschiedliche Basispreise, aber gleiche Verfalltermine haben.

Volatilität
– Eine Kennziffer, die den Kursausschlag einer Aktie beschreibt. Im Regelfall wird sie gemessen durch die Standardabweichung der täglichen Preisänderungen der Aktie.

Zeit-Spread
– Siehe „Horizontaler Spread".

Zeitwert
– Der Betrag, um den die Optionsprämie den inneren Wert der Option übersteigt.

Zyklus
– Die Verfalltermine für die verschiedenen Optionsklassen. Im allgemeinen gibt es drei Zyklen: Januar/April/Juli/Oktober, Februar/Mai/August/November undMärz/Juni/September/Dezember.

LITERATURVERZEICHNIS

Ulrich Abel, Hartmut Bergmann, Georg Boing: Optionen, Die Bewertung und Analyse von Optionen und Optionsscheinen mit dem IBM-PC und Kompatiblen, Neuss 1987

dito: Optionen, Die neue Dimension im Wertpapiergeschäft, Neuss 1986

Rainer von Arnim: Die Waren-Termin-Anlage, Darmstadt 1979

Karl-Heinz Bilitza: Erfolgreich spekulieren mit Aktien- und Rentenoptionen, Landsberg/Lech 1987

Richard M. Bookstaber: Option Pricing and Investment Strategies, Chicago 1987

Henry Clasing Jr.: The Dow Jones Irwing Guide to Put an Call Option, Homewood/Illinois 1978

Mikel T. Dodd: Trading Stock Index Options – The investors self teaching seminar, Chicago 1988

Antoinette Ebneter: Strategien mit Aktienoptionen zur Ertragssteigerung und Risikobegrenzung, Frankfurt/Main 1987

Frank J. Fabozzi, Frank G. Zarb: Handbook of Financial Markets, Securities, Options and Futures, Homewood/Illinois 1986

Holger Krause: Wege zum Börsenerfolg. Aktien, Anleihen, Optionen, Niedernhausen 1987

Edwin Lefèvre: Reminiscences of a Stock Operator, Vermont 1923/1986

Ulrich Lingner: Optionen. Anlagestrategien und Märkte, Wiesbaden 1987

Donald L. Luskin: Index Options Futures – The complete Guide, Chicago 1987

Lawrence C. Mc.Millan: Options as a strategic investment, New York 1986

Jack Medomsley: Opportunities for the small investor, Durham 1978

Donald T. Mesler: Stock Index Options – Powerful New Tools for Investing, Hedging and Speculating, Chicago 1985

Sheldon Natenberg: Option Volatility and Pricing strategies – Advanced Trading – Techniques for Professionals, Chicago 1988

William Nix, Susan Nix: Stock Index Futures and Options, Homewood/Illinois 1984

Rainer Schätzle: Börse professionell. Die optimalen Strategien für Hausse und Baisse, Düsseldorf 1988

Courtney Smith: Option Strategies, New York 1987

Josef T. Steward: Dynamik Stock Options Trading, New York 1981

The Stock Exchange, Information and Press Department: Introductions to Option trading, London 1987

Michael T. Thomset: Getting started in Options, New York 1989

Johannes Welcker, Jörg W. Kloy: Professionelles Optionsgeschäft – Alles über Optionen auf Aktien, Renten, Devisen, Waren, Terminkontrakte, Zürich 1988

James Yates: The Options Strategy Spectrum, Homewood/Illinois 1987

STICHWORTVERZEICHNIS